名师名校名校长

凝聚名师共识
回应名师关怀
打造名师品牌
培育名师群体

程明远题

名师名校名校长书系

广东省教育科学规划课题"信息化环境下小学语文高年级教与学的有效性研究"

（立项编号：2013YQJK304）

为生长而教

信息化时代
小学语文智慧课堂

屈小玲 ◎著

东北师范大学出版社

长 春

图书在版编目（CIP）数据

为生长而教：信息化时代小学语文智慧课堂 / 屈小玲著. — 长春：东北师范大学出版社，2019.2
ISBN 978-7-5681-5523-6

Ⅰ.①为… Ⅱ.①屈… Ⅲ.①小学语文课—课堂教学—教学研究 Ⅳ.①G623.202

中国版本图书馆CIP数据核字（2019）第039846号

　　　　　　　　　　　　　　　　　□策划创意：刘　鹏
□责任编辑：张　露　刘贝贝　□封面设计：姜　龙
□责任校对：刘彦妮　张小娅　□责任印制：张允豪

东北师范大学出版社出版发行
长春净月经济开发区金宝街 118 号（邮政编码：130117）
电话：0431-84568033
网址：http://www.nenup.com
北京言之凿文化发展有限公司设计部制版
廊坊市金朗印刷有限公司印装
廊坊市广阳区廊万路 18 号（邮编：065000）
2022年6月第1版　2022年6月第1次印刷
幅面尺寸：170mm×240mm　印张：14　字数：248千

定价：45.00元

序言 PREFACE

　　书稿完成以后，一直在思考一个问题：该请谁帮我写一个序言比较好？请领导吧，这个时候大家都忙，谁有这个时间帮我看稿？请专家吧，觉得书稿的理论水平还不高，怕人家笑我……忐忑恍惚之间，因为一直都忙，一直都定不下该请谁写比较好……时间就这样弹指而过。这不，编辑又催稿了，还给我定了最后交稿的时间……此时的我，只能鼓起勇气，把自己的心路历程细数一遍，权当作自序吧。

　　这次的书稿，源于广东省教育科研"十二五"规划2013年度研究一般项目"信息化环境下小学语文高年级教与学的有效性研究"课题的成果结集，也算是对五年以来课题研究的一个交代吧。书稿分为三个部分：第一部分是研究报告，主要由开题报告、实施方案、中期报告、结题报告组成。旨在希望给课题实验老师提供一个样板，以免他们像我一样，刚刚开始课题实验的时候完全摸不到方向，期待能够给他们指明一个方向吧。第二部分是优秀案例集，主要是我和几位实验老师在实验过程中积累的经验，因为书稿篇幅所限，只能挑选部分呈现。现在的学生都很聪明，只是好的学习习惯很难养成。课题实验之初，我们就把实验的重点放在"先学后教"习惯的养成上，期待通过课题实验，让学生在课前养成预习的习惯，这将会给学生以后的学习生活带来很多便利。第三部分是优秀论文集，作为小学教师的我，写作一直是我的短板，我的第一篇真正意义上的论文，是在我跟岗培训的时候，在我的导师江伟英老师的指导下完成的。还记得江老师当时说过的话："别担心，写教学反思就是把你上课的真实感受写下来，你一定可以的。"虽然时间已经过去好久，但江老师的话音

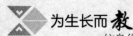
似乎还在耳畔，江老师的谆谆教诲永远铭记在我的心间。记录、积累，记录、积累……慢慢地，我养成了写教学反思的习惯；慢慢地，我的文章开始见报；慢慢地，我有了后面这么多的沉淀。

细数成长的历程，我才刚刚起步，与很多名师还有很大的距离。此次的结集出版，也是我人生的"第一次"。路漫漫其修远兮，吾将上下而求索，为了遇见更好的自己，我将继续努力，继续行走在完善自我的路上……

屈小玲

写于2019年1月3日晚

语文课堂，是具有生命力的课堂，是充满生机、蓬勃生长的课堂。

孩子的童年生活大部分是在学校度过的，作为一名小学语文老师，我常常思索这样一个问题：我们应该给孩子一个什么样的语文课堂？

自2014年课题实验正式开始以后，我一直关注这个问题，也想方设法解决这个问题。后来，我在课题实验中提炼出来的融"思维导图""先学后教"于一体的"三段式"教学模式，强调的就是学习方法的渗透。教师可通过"课前（预习质疑）—课中（展示探究）—课后（检测反馈）"的方法指导，提高学生的学习能力。

"授人以鱼，不如授人以渔"，教师不仅是知识的传播者，更是学习方法的引导者。一名优秀的语文老师，对于语文知识的学习，不能只是一味地灌输和命令，应该教会学生学习的方法。只有这样，才能锻炼学生的思维能力，才能提高学生的学习能力，才能增强学生解决问题的能力。

因此，语文的学习过程，首先就是师生互动的过程。让我们共同努力，让课堂成为师生思维碰撞的主阵地，让学生的个性在课堂上得以张扬，让教师的"教"和学生的"学"更加有效，让我们的语文课堂成为"为生长而教"的课堂。

屈小玲

2018年10月

引 言

上篇 省"十二五"课题报告

中篇 省课题优秀案例集

下篇 省课题优秀论文集

春风化雨育桃李

——记汕尾市最美教师屈小玲

广东省南粤教坛新秀、广东省第九批特级教师、广东省中小学教师工作室主持人、广东省中小学名师工作室主持人、汕尾市小学语文学科带头人、汕尾市最美教师、汕尾市"1212工程名教师"培养对象……当走近头顶这么多光环的屈小玲老师时，记者不禁为她那坚守三尺讲台、对教育理想而执着追求的教育人生所感动。

一、以身作则，德育为先

在二十几年的教学生涯中，屈小玲老师带过海丰县海城镇中心小学各种类型的班级和不同成绩、不同性格的学生。多年的教学实践让她懂得了"治学德为先"的道理。

屈小玲老师始终把德育放在教育工作的首位，她觉得读好书，首先要做好人，身教胜于言传，她始终严格要求自己，坚持律己律人的原则。在与学生的相处中，她特别注重培养学生诚实守信、尊老爱幼、热爱公物等良好品德。她认为，成绩也许可以通过速成的方式来提高，道德却需要不断地熏陶和培养。

"引导学生自我反思，培育学生宽容的品质"是屈小玲老师又一个德育心得。小学生往往会因为一些小矛盾争吵起来，甚至会发生打架的行为。当屈小玲老师碰到学生之间发生冲突时，她不会马上进行训斥，也不会提前给当事方进行谁是谁非的判断，而是采取"冷处理"的方法，先让学生的情绪冷静下来，然后要求学生进行反思，思考为什么对方会情绪激动、吵架的最初原因是

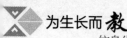

什么等问题，引导学生通过自我反思，意识到自身的错误和懂得同学之情的重要性，继而主动向对方道歉。屈小玲觉得，教师只有尊重学生、信任学生，触动学生的内心世界，才能取得更好的教育效果；对学生，要多一份尊重，少一份指责；多一份理解，少一份埋怨；在润物细无声中，给孩子以"德之育"，培养学生的"德之行"。

"爱岗敬业，无私奉献"是师德的核心内容。屈小玲老师二十八年如一日，坚守教学一线，用自己的实际行动诠释了师德的力量，播种了不平凡的理想和未来。

二、研究教学，痴心不改

做一名"研究型"的教师是屈小玲老师从教以来的追求。她注重结合教学实践，从本地区的教育教学实际出发，积极开展课题研究。她一直在努力追随着教育改革的浪潮，追求着现代信息技术教育与学科教学的有效整合。

作为一名有着二十多年教龄的小学教师，屈小玲深刻体会到中小学衔接的重要性。在日常教学中，她特别留意学生从小学升入初中之后的学习和成长情况。她发现，一些学生在小学阶段可能成绩很不错，但是到了初中和高中，成绩就出现明显下滑。也有一些学生，依然保持着小学阶段突出的学习成绩，并把这个优势带到大学。

是什么原因造成了这种情况呢？屈小玲老师对多届学生毕业后的成长轨迹进行了追踪和分析，她学习借鉴了东莞东华小学及华师附小等学校老师的一些做法，再结合本地学生的特点，逐渐形成了自己独特的见解和卓有成效的解决之策。

首先，教师要特别注重对学生良好学习习惯的培养，指导学生学会自主学习。屈小玲老师把"思维导图"布置成课前作业，让学生主动提前去阅读课本，明确思路，整合知识，培养学生的自主学习能力。2015年10月22日，她主动承担了"导师回访"的执教任务，为华南师范大学基础教育学院专家团和汕尾市"1212名教师工程"的学员们展示了一堂优质的公开课，在课中她充分利用"思维导图"调动学生的思维，点燃了学生的学习热情。学生们争先发言，积极讨论，课堂氛围很热烈，得到了以华师大基教院黄牧航副院长为主的专家团队及与会教师的高度评价。

其次，教师要注重对学生学习方法的指导和学科素养的培养。长期以来，屈小玲老师跟学生说得比较多的话就是"你们要的不仅仅是答案，更重要的是掌握学习方法"。在她看来，学生掌握了学习方法和拥有良好的学科素养，也就具备了不断进步的潜力。小学毕业之后不管进入哪所学校、遇到什么类型的老师，都能继续保持不断前进的步伐。

屈小玲老师多年来的努力和坚持取得了较好的效果，不仅所担任的历届毕业班在全县教育教学质量检测中名列前茅，而且这些学生在自主学习能力及综合素质方面相当不错。

2015年，在市县教研部门和学校的大力支持下，屈小玲老师申报了广东省教育科研"十二五"规划2013年度研究课题《信息化环境下小学语文高年级教与学的有效性研究》，历经三年多的课题研究，目前正在准备结题之中。此课题积极探讨了在信息化时代，经济欠发达地区如何凭借信息技术的支撑，突出"主体性"教育和"生本化"教育理念，引导学生自主学习，打造新型的高效课堂，促进新课程改革实验与现代教育信息技术的有效融合。

三、言传身教，名师风范

2015年12月，屈小玲老师荣获广东省中小学教师工作室主持人称号之后，通过名师工作室的平台，发挥了引领、示范、辐射的作用，把自己在教育教学上的教研成果，如融"思维导图""先学后教"于一体的"三段式"教学模式等，向更大的范围进行推广。作为广东省中小学教师工作室主持人，她多次承担省骨干教师跟岗培训任务，前来跟岗的省骨干教师来自清远、华师附小、揭西、揭东、汕尾等地。屈小玲老师从理论学习和跟岗实践等方面积极帮助省骨干教师专业成长，获得省培训中心、广东省第二师范学校、深圳大学教师培训学院、肇庆学院的一致好评。屈小玲老师除了自身不断追求进步外，还致力于帮助其他同行成长。作为学校的教研组长、语文学科的带头人，她带领其他教师开展校本培训、实施素质教育、推进课程改革，成为青年教师的引路人，指引他们努力上进。她组织大家认真学习、上观摩课、开展课题实验，让大家思考和反思，促进大家共同提高、共同进步。她多次为海城镇全镇的语文教师上示范课、观摩课、教学讲座、小课题讲座，为推进全镇的教学改革、课题研究不懈努力。

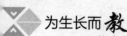

　　"一分耕耘，一分收获"，2016年，屈小玲老师主持的海丰县微型课题《基于网络环境下小学语文集体备课的研究》获得海丰县首届课题成果评比一等奖；2016年3月，屈小玲老师被广东省人民政府授予"特级教师"的称号；2017年2月，她参加了由省教厅组织的主持人赴美考察团，代表主持人团队与美国英华学校的校长进行同课异构，并获得一致好评，同年5月在全省"工作室主持人培训者培训"中作为嘉宾分享"美国教育考察行与思"的访学心得。

　　2017年3月，刚从美国访学回来的屈小玲老师来到陆河县河口镇河口小学支教。到河口小学的第一天，屈小玲老师就积极地投入教研活动中，助力薄弱学校开展科研工作，进行听课、评课、上课、课题指导，每天与河口小学的老师一起工作。在河口小学一年的时间，屈小玲老师圆满地完成了学校的教学任务，并指导罗影妹、杨美等乡村教师参加省、县的教学大赛。

　　2017年11月，屈小玲老师在本镇推广"群文阅读和整本书阅读"，邀请深圳市名师李祖文老师到海丰讲学，帮助本地教师更新教学理念，为本地区的小学语文教改工作打开了一个新局面；同年12月，她带领工作室团队到陆河县、陶河镇、黄羌镇送教，为兄弟学校开展教研活动出谋献策；她经常无私地分享工作室的工作经验，助力汕尾市工作室主持人开展工作，为本市的教育事业添砖加瓦。她的乐观、爱岗、勤奋感染了很多老师，是我们海丰教师的突出代表。2017年11月，屈小玲老师获得新一轮广东省中小学名教师工作室主持人的称号；2018年3—4月，屈小玲老师策划、主持了全镇的小学语文优质课评比活动，磨课、听课、评课是她的工作常态。现在，屈老师又忙着指导其他老师进行课题研究工作，她为我们海城镇小学培养了一大批年轻老师，成为大家的领头人。

　　从教二十八年，屈小玲老师把生命中最美好的时光献给了教育事业，用心工作，用爱育人。"丹心化作春雨洒，换来桃李满园香"。屈小玲老师的辛勤付出，赢得了师生、家长及社会的一致好评。2018年1月，屈小玲老师被授予"汕尾市最美教师"的称号。

（汕尾日报记者：陆端华）

省"十二五"课题报告

自2014年12月经广东省教育科学规划领导小组正式批准课题组立项后，课题组及主要研究人员除参加开题活动外，还进行了一系列学习和培训活动，他们在实践中探索出一系列良好的课堂教学模式和经验，在新课程改革的道路上走出了一条创新之路。经过三年多的实验，课题研究有了突破性进展和较为突出的研究成果。

广东省教育科学规划项目中期检查报告书

项目名称	《信息化环境下小学语文高年级教与学的有效性研究》		
项目负责人	屈小玲	所在学校	海丰县海城镇中心小学
最终成果形式	结题报告	项目批准号	2013YQJK304

一、研究工作进展情况（工作方案、调研计划、实施情况、拟开展的后续课题工作、研究中存在的问题、能否按时完成研究计划、经费使用情况等）

本课题《信息化环境下小学语文高年级教与学的有效性研究》是广东省教育科研"十二五"规划2013年度研究一般项目，于2014年12月被广东省教育科学规划领导小组批准立项，课题批准号：2013YQJK304。

两年多来，课题组成员结合语文一线教学经验和课题实践要求，开展了一系列教育活动和行动研究，初步取得了一些研究成果和实践成效，现将课题研究工作进展情况做如下报告：

（一）工作方案

1.课题组工作形式

（1）课题组组织召开课题开题会议，撰写开题报告。

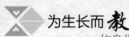

课题立项以后，课题组多次召开会议交流了《信息化环境下小学语文高年级教与学的有效性研究》省级课题的研究目标、实施方案、预期成果等方面的意见，明确了课题组各成员的分工，将课题目标细化为若干子目标、明确子目标研究内容、统筹课题实施步骤，制定阶段目标，明晰各阶段的研究重点。

（2）制订课题方案的实施计划。

学校把该项课题研究纳入日常教学工作，制订课题实施计划，有计划、有步骤地实施课题工作方案，着手课题实践研究，把课题研究作为校本教研的一种有效形式。课题组通过"集体备课、研讨课、交流研讨会"等形式开展课题研究，保证了课题研究内容的全面性，力求课题内容覆盖阅读教学中的"先学后教、批注式教学、作文教学、导学案设计"等各个层面，形成"主持人总课题——课题组成员子课题"的研究网络。

（3）文献理论学习与教学实践经验交流相结合。

课题主持人屈小玲老师要求课题研究人员要不断地加强理论学习，认真研读蔡林森的《教学革命——蔡林森与先学后教》、义务教育《语文课程标准》、华师附小特级教师江伟英老师的《图解语文》、况珊芸教授的"思维导图"及关于"先学后教"的其他材料。屈小玲老师要求课题组成员经常上网观摩"先学后教"等有关语文教学的视频，从而保障课题研究顺利进行。课题主持人屈小玲老师还坚持"请进来，走出去"的做法，一是"对内传经"。积极邀请专家到校指导，定期邀请市、县教育局教研室的教研员和外地课改专家到校做讲座、听实验课，参与课题交流会，指导课题研究工作的开展。二是"向外取经"。积极组织课题组成员、实验教师到省内兄弟学校听课（讲座），学习先进经验，交流心得。

2. 课题实施步骤与阶段目标

（1）准备阶段（2014年12月—2015年2月）

实施内容：①组建课题组，确定实验班，制订课题方案及实施计划；②召开课题组会议，学习、讨论、研究方案，明确研究思路，落实研究任务；③查看搜索相关文献资料，把握研究现状与发展趋势；④开展问卷调查，撰写调查报告。

预期成果：撰写课题研究现状的调查报告；制定课题实施方案。

（2）实施阶段（2015年3月—2017年7月）

实施内容：①完成"先学后教"导学案的编写；②开始"先学后教"导学案的教学实践；③完成"新课堂导学案"的编写；④开始"新课堂导学案"的教学实践；⑤研究探讨"信息化环境下小学高年级习作评改多元化"的应用；⑥研究探讨"小学中高年级批注式阅读教学"的应用。

预期成果：发表若干体现课题中心内容的论文；编写成教学案例；编写成导学案。

（3）总结阶段（2017年8月—2018年8月）

实施内容：汇总课题研究资料和研究成果；撰写结题报告。

预期成果：撰写课题研究报告；整理出具有代表性的研究成果，以"论文、案例、课例、录像、导学案"的形式在全镇学校中推广。

3. 课题预期总成果

（1）课题完成时，提供《信息化环境下小学语文高年级教与学的有效性研究》的研究报告一份；总结相关的理论和教学经验，供本校及其他学校的教师参考交流。

续 表

（2）将课题组成员的"优秀案例、论文、教师随笔"等汇编成册。

（3）发表课题相关科研论文，形成课题研究对象的调查报告，完成课题研究报告、汇编教学案例、优秀课例等。

（二）调研计划

1. 学情调查

在课题研究开展的前期，我们在全校范围内开展了针对学生学情的调查，为课题研究提供了可靠的数据基础，在充分了解教学现状和尊重教学实情的基础上谨慎提出了课题的研究方案，秉持科学严谨、实事求是的研究态度，大胆提出问题，谨慎研究教改方案。

2. 课题成果实效测验

在课题研究开展的中后期，在总结课题研究成果的基础上，通过在本校和相关学校合作推广课题研究成果，并及时调查课题成果的实施成效，了解课题成果推广的效果。

（三）实施情况

1. 本课题的研究自2014年12月开始至今，主要经历了三个阶段：

（1）第一阶段：课题前期准备阶段（2014年12月—2015年2月）

这一阶段的主要任务是确立研究方向，对课题方案的调研进行细致严谨的论证，具体实施工作表现如下：

① 组建成课题组，确定课题实验班，便于开展后续课题研究的教学实践环节。

② 制定成功课题方案，制定开展课题方案的实施细则和具体步骤。

③ 召开数次课题组会议，学习、讨论、研究方案，明确研究思路，分配落实研究任务。

④ 根据课题内容查阅搜索相关文献资料，把握研究现状与发展趋势。

⑤ 开展二次问卷调查，撰写调查报告。

（2）第二阶段：课题研究实施前期（2015年3月—2016年2月）

这一阶段的主要任务是确立课题方案，完成课题申报，开展课题研究和调整课题研究，具体实施工作表现如下：

① 课题组召开课题开题会议，撰写开题报告。

课题立项以后，课题组多次交流了《信息化环境下小学语文高年级教与学的有效性研究》省级课题的研究方案、实施计划等方面的意见，最后由主持人屈小玲老师和郑燕山副校长共同起草了课题的开题报告、实施方案、研究计划等草案，于2015年3月在海丰县陆安中学会议室召开了课题开题会议，修改并通过了开题报告、计划、方案等草案，明确了课题组各成员的分工、研究目标、研究内容、研究步骤，也明确了各阶段的研究重点。

② 组建实验班级，构建学习共同体，"三段式"导学案的编纂和使用。课题组正式开展导学型学习共同体的研究。

全面实施研究方案，重点在两个层面展开：一是课堂教学主张的提炼，包括观摩合作学习课堂结构模式、实验班级的开展、导学型课堂教学范式实践等方面的研究；二是完善课题组规章制度及构建小组互助式学习共同体的体系，完善学校内部学科资源库的建设等。

（3）第三阶段：课题中期报告阶段（2016年3月—2017年7月）

这一阶段的主要任务是提炼研究初步成果，撰写中期研究报告，接受中期评估验收，并进一步调整研究方向，改进研究过程。

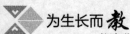

2. 课题研究方案的实施步骤和开展过程

在研究的过程中，为了确保研究顺利有序有效地进行，课题组严格按照课题研究方案采取了一系列扎实有力的举措，主要有：

（1）重视理论学习研究和教学实践，定期组织课题组成员进行课题进度交流。

课题立项以后，屈小玲老师定期组织课题组成员进行理论学习，努力提高教师的理论水平。除了研读蔡林森的《教学革命——蔡林森与先学后教》及华师附小特级教师江伟英老师的《图解语文》外，还要求课题组全体教师学习《语文课程标准》，观摩优秀的教学视频，钻研教材教法，保障课题研究顺利进行。主持人屈小玲老师还坚持"请进来，走出去"的做法，积极邀请专家到校指导，使课题研究工作有序地开展；积极组织课题组成员、实验教师到省内兄弟学校听课（讲座），学习先进经验，交流心得。

（2）制定科学合理的课题管理方案和课题实施细则。

学校把该项课题研究纳入日常教学工作，制定课题实施计划，有计划、有步骤地进行研究，把课题研究作为校本教研的一种有效形式。课题组通过集体备课、研讨课、交流研讨会等形式开展课题研究，力求课题研究内容覆盖到阅读教学中的"先学后教、批注式教学、作文教学、导学案设计"等各个层面，形成"主持人总课题——课题组成员子课题"的研究网络。

（3）借助广东省教师工作室团队的平台，成立子课题组。

工作室成员郑燕山、马丽红、刘紫微分别成为子课题的主持人，他们参与实验的子课题已经成功申请为汕尾市"十三五"课题。

（4）积极开展教学实践研究活动。

《信息化环境下小学语文高年级教与学的有效性研究》是一项实践性课题，因此，开展实践活动成为研究该课题的有效途径。

2014年10月，课题主持人屈小玲老师到华师附小参加跟岗学习，其课例《七律·长征》大胆借助可视化思维工具——"蛛网图""桥形图"，采用"先学后教，当堂训练"的导学方法，被华南师范附属小学特级教师江伟英定为跟岗展示课例，在韶关市武江区开展的"聚焦课堂，共享精彩"华南师范附属小学——金福园小学教学研讨同课异构活动中，教学效果好，受到韶关市武江区小学全体语文教师的一致好评。

2014年11月，课题主持人屈小玲老师为学校行政及全校语文教师做了《先学后教，当堂训练》——"信息化环境下小学语文高年级教与学的有效性研究"的课题讲座，受到全体语文教师的一致好评。

2014年12月，课题主持人屈小玲老师为全镇业务校长、教导主任及全镇微型课题承担者做了"《小就是美》——语文小课题讲座"，为他们即将进行的课题实验进行辅导讲座，受到与会者的一致好评，会后屈老师还辅导了青年教师陈秋娜、马丽红、蔡柏华完成课题申报工作和课题开题报告、实施方案。

2015年3月，屈小玲老师为全镇语文教师展示了广东省教育科研"十二五"规划2013年度研究一般项目《信息化环境下小学语文高年级教与学的有效性研究》课题的实验课例，她把"思维导图""先学后教"融入"三段式"（即预习质疑—展示探究—检测反馈）教学流程中，形成了独特的教学风格，屈老师的大胆创新为全镇的诗歌教学提供了范例。

续 表

2015年6月，课题主持人屈小玲老师参加了汕尾市"1212名教师工程"培训的第四期活动——课题汇报，得到了华师基教院张燕玲、陈燕等导师的指导，她们向屈老师提出了许多宝贵的意见。

2015年8月，课题主持人屈小玲老师为参加广东省特级教师的评选拍摄了微课视频，该视频课例《"精彩极了"和"糟糕透了"》把"思维导图""先学后教"融入"三段式"（即预习质疑—展示探究—检测反馈）教学流程中，形成独特的教学风格，获得了专家组的一致好评。

2015年9月，汕尾市教育局组织专家组到我校实地听课，进行广东省特级教师推荐人选审核，课题主持人屈小玲老师的课例《詹天佑》创造性地通过"思维导图""先学后教"等新颖的授课形式，将课例内容融入"三段式"（即预习质疑—展示探究—检测反馈）教学，形成独特的教学风格，得到了专家组的好评。

2015年12月，课题主持人屈小玲老师荣获新一轮2015—2017广东省中小学教师工作室主持人的称号。

2016年4月，新一轮2015—2017广东省中小学屈小玲教师工作室正式授牌，5月工作室迎来两批广东省小学语文骨干教师学员的跟岗学习。屈老师无私地与学员们分享课题的实验成果，并带领工作室的成员教师与跟岗学员参与课题实验，工作室成员郑燕山、马丽红、刘紫微分别成为子课题的主持人，他们参与实验的子课题已经成功申请为汕尾市"十三五"课题。

2016年9月12日，子课题主持人马丽红老师在海城镇中心小学做了《"信息化环境下小学高年级习作评改多元化的研究"的基本操作程序》的专题讲座，得到与会老师的一致好评。

2017年3月16日，子课题主持人马丽红老师上实验课例人教版第10册第二单元习作评改课《童年趣事》，得到了听课者的一致好评。

2017年5月25日，子课题主持人马丽红老师上实验课例人教版第12册第五单元习作评改课《作文评改的尝试》。

2017年6月22日，子课题主持人郑燕山副校长的讲座《如何开展课题实验》在全镇推广。

3. 下年度课题研究的工作安排

（1）课题组成员继续学习蔡林森的《教学革命》和《语文课程标准》。

（2）课题组成员要加大参与研讨课的力度，积极与同行交流，积极参加上级主管部门组织的语文教研活动，努力提升个人素质，在力求高标准完成课题任务的同时更好地服务于教学。

（3）展示实验课例，并做好拍摄工作。

（4）课题组成员继续撰写教学研究论文、教学案例、教学设计，对平时教学实践中利用"三段式"教学模式的实践进行认真反思总结。

（5）注意收集活动资料、成果资料，2017年8月进入课题的总结阶段。

（四）拟开展的后续课题工作

1.组织课题组成员参加理论培训

2014年12月，广东省教育科学规划领导小组正式批准课题立项后，课题组负责人及主要研究人员除参加开题活动外，还进行了一系列学习和培训活动。我们学习了蔡林森的"先学后教"和叶圣陶提出的"教是为了达到不需要教"的精辟论述，这些论述与新课程所倡导的学生"自主学习"这一核心概念是相辅相成、有机联系的。这三者为指导本课题的实践操作提供了指导层面的理论依据。我们还听取了华南师范大学况姗芸教授和陈建伟教授的报告，学习了信息技术与课程整合、建构主义、多元智能等理论，了解了信息化环境下教与学、理论与实践的新信息；学习新课标的精神。主持人屈小玲老师于2014年10月在汕尾市2012工程名教师跟岗培训中得到了华南师范大学况姗芸教授和华南附小特级教师江伟英老师的亲自指导，在平时的教学工作中开展了"思维导图"与"先学后教"相结合的教学模式，为小学语文高年级教与学的有效性研究奠定了基础。

2.借助"同步课堂""乐学乐教"平台，开展课题研究成果的实践操作

在学校的支持和中国移动通信集团广东有限公司海丰分公司的同步课堂的帮助下，我们课题组借助"同步课堂""乐学乐教"平台的网页设计，为学生提供了课前"预习—质疑"，课上"展示—探究"，课后"检测—反馈"的"三段式"导学案内容，汇总了课题组实验教师研究学习的成果，使之逐渐成为学生自主学习，资源共享的园地，取之于教学，用之于教学。

课题组在实践中探索出课堂教学利用网络资源的较好模式和经验，在新课程改革的道路上走出一条创新之路。课题实验教师根据本校的实际情况组建和扩充具有本校特色的教育教学资源库，这样既能使各校的学校网高速运转起来，也可以从资源的使用方面加快学科间的整合进度，对提高学校的教育教学质量也能起到很大的作用。让我们的实验教师在研究过程中树立新型的人生观和教学观，让我们的学生在网络资源的平台上自主学习、勇于探究、大胆创新，为日后能成为适用于信息社会的综合型人才打下坚实的基础，使学校教育在21世纪朝着自主的、有特色的课堂教学方向发展。

3.创新"教与学"授课框架，建立"三段式"教学模式

在"先学后教，当堂训练"模式中形成的"三段式"（即预习·质疑——展示·探究——检测·反馈）自主课堂教学模式的基础上，有针对性地开展学法指导，倡导以"任务驱动""问题探究""资源利用与共享"的自主学习方式，培养"三会"人才。在此基础上，总结提炼出信息化环境下小学语文高年级教与学的一般课堂教学模式、网络课堂教学模式及校外自主学习指导模式。

（五）研究中存在的问题

因为我们课题组的老师都是一线的老师，教学任务繁重，所以理论学习的时间比较欠缺，没有充足的时间整理实验成果，对实验研究的总结比较仓促，论文集比较粗糙。课件制作、平台更新维护缺乏专业人才，而我们自己的老师制作课件、更新维护平台的水平只处在业余阶段，更缺乏时间。所以，课件的制作、平台的更新与维护都存有一定的提升空间。

续 表

（六）能否按时完成研究计划

课题研究领导小组制定了严谨的课题研究计划，并严格按照计划开展研究，保证课题研究能够按时完成。

（七）经费使用情况

目前已使用经费情况如下表所示：

预算科目	计划开支
图书资料费	0.20万元
调研旅差费	0.30万元
数字化资源的购置及使用费用	0.40万元
会议费	0.15万元
咨询费	0.60万元
印刷费	0.52万元
复印费	0.15万元
合计	2.32万元

二、1—2项代表性成果简介（基本内容、学术价值、社会影响等）

《信息化环境下小学语文高年级教与学的有效性研究》在我校研究的初步成果：

1. 课题组将"思维导图"和"先学后教"融入平时的教学中，已经逐步摸索出"三段式"教学法，并在实践教学中取得较好的效果。

2. 创造性地提出"信息化环境下小学语文高年级先学后教模式"（三段式教学法），即"预习质疑（课前）——展示探究（课内）——检测反馈（课内或课后）"，并在该模式下探索出科学合理的实施步骤和组织原则，已经能够较为客观全面地呈现出课题组在信息化背景下对小学语文"教与学"实施策略的有效探索。

3. 课题相关论文发表

在课题实验的过程中，主持人及实验教师不断积累经验，把每一节课的点滴体会写成教学反思，根据教学反思撰写了多篇论文，其中论文《借助可视化思维工具引领学生体会诗歌的意蕴》于2015年1月在《汕尾教育》（总第109期）发表，论文《如何提高小学语文阅读教学的实效性》《培养学生自主学习、自主探究的能力》在《汕尾日报·汕尾周刊》发表。

实验班成绩不断进步，五、六年级期末考试实验班语文成绩达标，间接体现了课题组将研究成果运用到教学实践中的良好表现。

注： 如项目研究工作需推迟结项时间、调整研究方向、变更重要课题组成员等重大变更事项，需另填报《广东省教育科研项目重要事项变更申请表》。

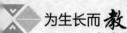
项目批准号
NO：2013YQJK304

广东省教育科学规划项目
成果鉴定申请表

课 题 名 称　《信息化环境下小学语文高年级教与学的有效性研究》

课题主持人　　　　　　　　屈小玲

所 在 单 位　　　　　海丰县海城镇中心小学

广东省教育科学规划领导小组办公室制

二〇一六年五月（修订）

课题名称		《信息化环境下小学语文高年级教与学的有效性研究》		
课题主持人	屈小玲	工作单位	海丰县海城镇中心小学	
联系地址	海丰县海城镇中心小学（二环北路茶亭山）	邮编	516400 电话	家：18998952823 办：0660-6624245 手机：13539536550
原定研究起止时间	2014年12月—2017年12月	原定研究成果形式	论文、研究报告、汇册、出版	
实际完成时间	2018年8月	申请鉴定时间	2018年12月	
申请鉴定方式	通讯（　　）会议（　　）免于鉴定（　　　）			
主要研究人员姓名	单位	职务和职称	课题研究中所承担的工作	
郑燕山	海丰县海城镇城北小学	副校长、小学语文一级教师	全面参与课题研究工作，负责撰写课题开题报告、实施方案、结题报告等	
黄小健	海丰县海城镇中心小学	校长、小学品德高级教师	负责全面的课题指导	
马丽红	海丰县海城镇中心小学	教师、小学语文一级教师	实验教师、子课题的主持人	
刘紫微	海丰县鲘门镇中心小学	副主任、小学语文一级教师	实验教师、子课题的主持人	
刘小波	海丰县海城镇中心小学	主任、小学语文一级教师	负责课题活动会议记录、问卷调查、案例收集	
颜昭群	海丰县海城镇中心小学	教师、小学语文一级教师	实验教师	
马秋华	海丰县海城镇中心小学	教师、小学语文一级教师	实验教师	
彭春松	海丰县海城镇中心小学	电脑员、小学语文一级教师	负责资料的收集、整理、校对、打印等工作	
罗悦	海丰县城东镇中心小学	副校长、小学语文高级教师	负责课题理论指导和课题研究制度的建设	
吴瑞海	海丰县海城镇新园小学	教师、小学语文一级教师	实验教师	
邱丽娜	海丰县海城镇城北小学	教师、小学语文一级教师	实验教师	

重要的阶段性研究成果统计表

成果名称	作者姓名	成果形式	字数	完成年月	出版单位或发表刊物名称、刊号	获奖或转载引用情况
《小学语文"先学后教，当堂训练"模式初探》	屈小玲	论文	4 319	2014年12月		荣获市论文评比一等奖
《借助可视化思维工具引领学生体会诗歌的意蕴》	屈小玲	论文	2 829	2015年1月	《汕尾教育》（总第109期）发表	荣获市论文评比二等奖
《如何提高小学语文阅读教学的实效性》	屈小玲	论文	2 439	2015年8月	《汕尾日报·汕尾周刊》（总第6406期）发表	
《如何培养学生自主学习、自主探究的能力》	屈小玲	论文	1 805	2015年8月	《汕尾日报·汕尾周刊》发表	
《"文章不厌百回改"——信息化环境下小学高年级习作评改多元化的研究》	屈小玲	论文	2 320	2017年12月	发表于《课外语文》杂志2018年4月上第10期（国内统一刊号：CN21-1479/G，国际标准刊号：ISSN 1672-0490，邮发代号：8-35）	荣获市论文评比一等奖
《试论信息化背景下利用"三段式"教学提高小学语文的课堂实效》	屈小玲	论文	3 173	2018年9月	《教学管理与教育研究》（国内统一刊号CN10-1390/G4 国际标准刊号：ISSN 2096-224X）录用，将于2018年11-12月刊发表	
广东省教育科学"十二五"规划课题《信息化环境下小学语文高年级教与学的有效性研究》《"三段式"导学案五（上）》	屈小玲、颜昭群、吴瑞海	导学案	49 655	2016年12月	内部发行	

续 表

成果名称	作者姓名	成果形式	字数	完成年月	出版单位或发表刊物名称、刊号	获奖或转载引用情况
广东省教育科学"十二五"规划课题《信息化环境下小学语文高年级教与学的有效性研究》《"三段式"导学案五（下）》	屈小玲、邱丽娜、叶清华	导学案	53 977	2016年12月	内部发行	
广东省教育科学"十二五"规划课题《信息化环境下小学语文高年级教与学的有效性研究》《"三段式"导学案六（上）》	屈小玲、刘紫微、刘小波	导学案	75 993	2016年12月	内部发行	
广东省教育科学"十二五"规划课题《信息化环境下小学语文高年级教与学的有效性研究》《"三段式"导学案六（下）》	屈小玲、郑燕山、马丽红	导学案	44 161	2016年12月	内部发行	
广东省教育科学"十二五"规划课题《信息化环境下小学语文高年级教与学的有效性研究》结题报告	屈小玲、郑燕山	结题报告	10 955	2018年9月		

续 表

成果名称	作者姓名	成果形式	字数	完成年月	出版单位或发表刊物名称、刊号	获奖或转载引用情况
《掌握方法 阅读沉淀——我的批注式阅读教学研究日志》	刘紫微	论文	2 928	2018年5月	发表于《课外语文》杂志2018年5月上第13期（国内统一刊号：CN21_1479/G，国际标准刊号：ISSN 1672-0490，邮发代号：8-35）	
《浅谈"先学后教，当堂训练"的几点体会》	郑燕山	论文	2 279	2018年4月	发表于《课外语文》杂志2018年4月上第10期（国内统一刊号：CN21_1479/G，国际标准刊号：ISSN 1672-0490，邮发代号：8-35）	
《"先写后教"让学生享受成功的喜悦》	郑燕山	论文	2 335	2014年12月		荣获市论文评比二等奖
《"三曲协奏"，改出习作精彩》	马丽红	论文		2014年12月		荣获市论文评比二等奖
《浅谈小学生习作评改的有效策略》	马丽红	论文		2014年12月		荣获市论文评比二等奖
《让学生成为作文评改的主人》	马丽红	论文		2015年12月		荣获市论文评比二等奖
《多元化评改，让习作之花灿然绽放》	马丽红	论文		2015年12月		荣获市论文评比二等奖
《优化作文评改，提高学生写作水平》	马丽红	论文		2016年12月		荣获市论文评比一等奖
《互评互改，改出习作精彩》	马丽红	教学案例		2016年12月		荣获市论文评比二等奖

续 表

成果名称	作者姓名	成果形式	字数	完成年月	出版单位或发表刊物名称、刊号	获奖或转载引用情况
《导中学，读中悟——〈珍珠鸟〉教学案例》	马丽红	论文		2017年9月	发表于《速读》杂志2017年9月上旬刊（国内统一刊号：CN42_1841/I）	
《激发学生写作兴趣的几点尝试》	马丽红	论文		2018年4月	发表于《课外语文》杂志2018年4月上第10期（国内统一刊号：CN21_1479/G，国际标准刊号：ISSN 1672–0490，邮发代号：8–35）	
《浅析信息化背景下小学语文高年级"教与学"模式的有效性》	黄小健	论文	2 188	2018年9月	《课外语文》杂志（国内统一刊号：CN21_1479/G，国际标准刊号：ISSN 1672–0490录用，于2018年12月发表）	
《信息化语境下小学语文的"教与学"模式的创新构造》	刘小波	论文	2 252	2018年9月	《课外语文》杂志（国内统一刊号：CN21_1479/G，国际标准刊号：ISSN 1672–0490录用，于2018年12月发表）	
《浅谈如何提高学生的写作水平》	颜昭群	论文		2018年4月	发表于《课外语文》杂志2018年4月上第10期（国内统一刊号：CN21_1479/G，国际标准刊号：ISSN 1672–0490，邮发代号：8–35）	
《浅谈语文教学中的朗读教学》	马秋华	论文	2 995	2018年5月		

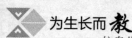
续 表

成果名称	作者姓名	成果形式	字数	完成年月	出版单位或发表刊物名称、刊号	获奖或转载引用情况
《信息化环境下小学高年级习作评改多元化研究》	屈小玲	论文	2 320	2018年8月		省论文评比三等奖
《浅谈关于习作评改的几点尝试》	马丽红	论文		2018年8月		省论文评比二等奖
《信息化环境下小学语文高年级"教"的三个核心》	刘紫微	论文		2018年8月		省论文评比二等奖
《浅谈"先学后教，当堂训练"的几点体会》	郑燕山	论文		2018年8月		省论文评比三等奖

　　注：本表填写的项目成果须在显著位置标注"广东省教育科学规划课题（课题名称+课题批准号）资助"字样（未标注者不需统计）；研究咨询报告须附上盖有采纳单位公章的采纳证明（注明采纳内容及价值）在本成果鉴定申请表之后装订。

| 拟提交鉴定的成果名称、成果的主要内容等。（主要内容含预期计划执行情况，研究成果的主要内容、特色、主要建树，创新之处和对策建议等） | **拟提交鉴定的成果名称为：**
　　《信息化环境下小学语文高年级教与学的有效性研究》
预期计划执行情况：
　　本课题研究拟定为三年，分三个阶段进行。其中2014年12月—2015年3月为课题构建阶段；2015年4月—2017年7月为课题研究的全面实施阶段；2017年8月—2018年8月为总结、改进、提高与完善阶段。在课题实验过程中，我们将课题研究和教学紧密联系，扎扎实实地把科研工作落到实处。我们坚持每月举行两次教研活动制度，及时分析、总结每个阶段研究工作的开展情况，讨论下一阶段工作，提出新要求。经过课题组所有成员的共同努力，课题组已经顺利完成了三个阶段的实验，现正进行紧张的结题整理工作 |

续 表

拟提交鉴定的成果名称、成果的主要内容等。（主要内容含预期计划执行情况，研究成果的主要内容、特色，主要建树，创新之处和对策建议等）	**研究成果的主要内容、特色：** 　　在大课题组的指导下，我们还开展了子课题的研究。三个子课题无论是郑燕山老师的《信息化小学语文高年部新课堂导学案的设计与实践研究》、马丽红老师的《信息化环境下小学高年级习作评改多元化的研究》，还是刘紫微老师的《小学中高年级批注式阅读教学应用的研究》，都实现了兴趣的迁移、从说到写的迁移、从读到写的迁移，课题组从多角度入手，既提高了教师"教"的能力，又培养了学生"学"的能力。学生在阅读中培养兴趣、发现方法、总结规律，并创造性地运用，从而实现知能转化，促进读写迁移，提高自身的阅读水平和写作能力。 **主要建树：** 　　经过三年多的实验，我们的课题研究有了突破性进展和较为突出的研究成果，主要表现如下： 　　课题组成员颜昭群老师的实验课例获得2017年广东省"优课"； 　　马丽红老师的实验课例获得2017年汕尾市"优课"； 　　马丽红老师的习作指导《我是大自然中的一员》获得2018广东省录像课比赛一等奖； 　　刘紫微、马丽红、屈小玲、郑燕山的论文分别获得2018广东省论文评比二等奖和三等奖； 　　课题组成员在国家级刊物发表文章1篇、省级刊物发表文章8篇、市级刊物发表文章3篇； 　　课题组多篇论文获得市、县论文评比的奖项； 　　课题成果准备结集出版； 　　课题组老师在课题实验中积累的精品教学设计、课例、课件在学校课题专题网页上实现了资源共享，为全校乃至全镇小学语文教学提供了很好的引领和示范。 **创新之处：** 　　课题以"教与学"为视角，以"信息化环境"为研究背景，全面调查，严谨求证，得出课题研究成果，总的来看，课题创新之处主要体现在以下几个方面： 　　其一，在课题组主持人屈小玲老师的带领下，课题组成员创设性地提炼出新鲜活泼的融"思维导图""先学后教"于一体的"三段式"教学模式，率先尝试将"思维导图"运用到小学语文的教学中，对于锻炼学生逻辑分析能力和语言认知能力有较为显著的帮助作用，具有开创性。

拟提交鉴定的成果名称、成果的主要内容等。（主要内容含预期计划执行情况，研究成果的主要内容、特色，主要建树，创新之处和对策建议等）	其二，课题组在基于信息化环境下的时代教育背景下，首次较为系统全面地总结出"信息化环境下小学语文高年级教与学"导学案的设计方法，逐步修改完善了导学案现有的"五个"版块体系，设计出有实效性的导学案，并把"导学案的设计与实践研究"融入平时的教学中，力求结合信息化教育环境重新定义"教与学"的关系。 其三，课题组首次构建了"示范评改、口头评改、学生自评、小组互评、集体评改、教师评改、家长评改"等多元化评改形式，初步构建成更为科学合理的评改系统，通过多元群体的视角给予教师更为宽广的教改视野。同时，课题组紧扣课改要求，利用多元化的评改形式调动学生学习的积极性。 其四，课题组创设了批注式阅读教学新模式，即"预习批注——主题批注——拓展主题阅读批注"。该模式以"阅读批注"为切入点，从三个阶段诠释了如何结合信息化技术提升学生的阅读能力。同时，从教学角度来看，该模式焕发了课堂教学的生命活力，提高了语文教学质量和效率，使教师真正成为教材的再设计者和课堂生活的创新者。从学校教研角度来看，通过对小学语文高年级教与学的有效性研究不仅探索挖掘了校本教研的有效资源，而且实施了校本教研的有效途径和方法，推进了学校教学教研工作的顺利开展。 其五，课题组在经过细致的调查和谨慎科学的求证后，提出"信息化环境作为学校教育的一部分或重要补充或一种平行的形式，在促进学生自主性学习的过程中是一种教学的手段"。该观点对如何看待信息化在教学中的地位给予了一种全新的诠释和注解。课题组提出这样的观点，其创新之处在于不仅把"信息化环境"作为一种教学辅助工具运用于新课程理念的实践和验证，还把"信息化环境"作为一种崭新的教学手段运用于教学过程之中，使学生能独立运用分析、探索、实践、质疑、创新等方法来实现学习目标，在评价、互动、合作、交往等方面发挥着重要的教学作用。 以上仅是挑选本次课题较具有代表性的创新之处，更多创新之处体现在课题成果中，包括新颖的课例编写模式、结合信息化环境提出的"教与学"关系的教学理论革新性的论文、关于信息化背景下新型习作课教学模式等。 **对策建议：** 今后，课题组的老师还将一如既往地认真学习和探索、实践和反思，不断提高自己的科研能力，力争在新课改的舞台上展示风采，再创辉煌！ **对课题成果的自我评价：** 本课题成果从教学的角度讲，焕发了课堂教学的生命活力，提高了语文教学的质量和效率，使教师真正成为教材的再设计者和课堂生

续 表

对成果的自我评价和已经了解到的社会反映（须附证明材料）	活的创新者。从学校教研的角度讲，通过对小学语文高年级教与学的有效性研究，不仅探索挖掘了校本教研的有效资源，而且实施了校本教研的有效途径和方法，推进了学校教学教研工作的顺利开展。我校小考成绩一向名列前茅，近年来随着教改的推进，汕尾市小学质量检测也在不断改革，但我课题组几位实验教师所带的班级考试成绩一如既往在全县乃至全市名列前茅。回顾这几年的语文小考成绩，我们觉得，这些优秀成绩的取得，除了科组、备课组的团结协作，继承传统外，也得益于我们广泛开展"在信息化环境下小学语文高年级教与学的有效性研究"的科研活动。 **社会反响：** 　　开展课题实验以来，我们课题组编写了"三段式"导学案，编辑了"优秀案例集""优秀论文集"。实验教师的教学视频、课件及教学设计成为一线教师学习的范例；"三段式"导学案已在本校连续使用，并被镇内多所兄弟学校采用，得到了许多一线教师的高度评价。 　　2014年10月，屈小玲老师到华师附小参加跟岗学习，课例《七律·长征》大胆借助可视化思维工具"蛛网图""桥形图"，采用的"先学后教，当堂训练"导学方法，被华南师范附属小学特级教师江伟英定为跟岗展示课例，在韶关市武江区开展的"聚焦课堂，共享精彩"华南师范附属小学——金福园小学教学研讨同课异构活动中，教学效果好，受到韶关市武江区小学全体语文教师的一致好评。11月，屈小玲老师为学校行政及全校语文教师做了《先学后教，当堂训练》——"信息化环境下小学语文高年级教与学的有效性研究"的课题讲座，受到全体语文教师的一致好评。12月，屈小玲老师为全镇业务校长、教导主任及全镇微型课题承担者做了《小就是美》——语文小课题讲座，为他们即将进行的课题实验进行辅导讲座，受到与会者的一致好评。屈老师会后还辅导了青年教师陈秋娜、马丽红、蔡柏华完成课题申报工作和课题开题报告、实施方案。2015年3月，屈小玲老师为全镇语文教师展示了广东省教育科研"十二五"规划2013年度研究一般项目《信息化环境下小学语文高年级教与学的有效性研究》课题的实验课例，她把"思维导图""先学后教"融入"三段式"（即预习质疑—展示探究—检测反馈）教学流程中，形成了独特的教学风格，她的大胆创新为全镇的诗歌教学提供了范例。6月，屈小玲老师参加了汕尾市"1212名教师工程"培训的第四期活动——课题汇报，得到了华师基教院张燕玲、陈燕等导师的指导，她们向屈老师提出了许多宝贵的意见。2018年3月26日，屈小玲老师参加汕尾市省骨干教师培训时在广二师进行《信息化环境下小学语文高年级教与学的有效性研究》课题结题汇报，与专家、同行交流分享课题实验的成果。5月7日，主持人屈小玲老师在"汕尾市1212名教师培养"结业

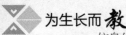
续 表

对成果的自我评价和已经了解到的社会反映（须附证明材料）	上进行课题成果展示交流与课题答辩活动。课题组多次进行课题实验教学研究现场会，与汕尾市的同行进行教学观摩、评课等多种形式的学术交流，得到了高度评价。课题组的主持人及成员多次到兄弟学校送教、送研，开设课题讲座多场，为本镇乃至本县的课题实验提供了范例。主持人屈小玲老师遴选为广东省教师工作室和名教师工作室主持人以来，更是通过工作室平台，发挥了"示范、引领、辐射"的作用，无私地分享课题成果，为跟岗学员提供了很好的学习机会

"信息化环境下小学语文高年级教与学的有效性研究" 开 题 报 告

立项编号：2013YQJK304

广东省汕尾市海丰县海城镇中心小学　　屈小玲　郑燕山

一、课题的提出及研究意义

随着信息技术日新月异的发展，小学语文的教学形式、教学手段正在发生根本变化。由只利用黑板、粉笔、文本教材等传统教学手段，单向灌输式的课堂教学形式和以教师为中心的局面，逐渐向以学生为主体，教师为主导，师生共同利用多媒体计算机技术、网络技术等现代教学手段（当然亦不排斥必要的传统教学手段的配合）进行交互式开放性教学局面的转变。丰富多彩的信息化教学形式，突破了传统教学形式的时空局限，极大地提高了小学语文课堂的教学效益。

历经十年的新一轮基础教育课程改革实验使"自主、合作、探究"的核心理念走进寻常课堂。然而，课程改革是一个不断实践、验证新课程理念的过程。在这个过程中，我们欣喜地看到学校的现代化教学设施、设备齐全了，老师、学生运用现代信息技术的能力增强了。怎样把信息技术作为一种与教学并行的手段来改变教师的"教"、学生的"学"，却依然存在观念上、操作运用上的问题。

2013年，我校已经实现了多媒体平台进教室的目标，从关注信息化的基础硬件设施建设转向关注实际应用的效益和效能，提高基础设施的使用效益，深入探索"信息技术与学科融合"教学应用的模式和方法，进一步促进"信息技术"环境下的师资培训、资源建设、网络支持、管理机制等各方面工作的科学发展，实现课题研究和成果推广的良性循环。

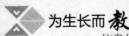

在教育改革走向均衡发展、特色发展、创新发展的今天，如何将现代信息技术与学校的新课程改革实验融为一体，成为促进小学语文高年级教与学的有效载体和教学手段，这正是在长期的研究与实践中困扰我们的问题，也是我们在课改实验中亟待解决的课题。基于这样的认识，我们在市、县领导、专家的多次指导、论证下，最终确定了《信息化环境下小学语文高年级教与学的有效性研究》这一课题。

二、本课题研究理论基础依据及遵循的原则

1. 理论依据

《信息化环境下小学语文高年级教与学的有效性研究》课题研究的理论基础主要是皮亚杰的建构主义（constructivism）学习理论、新课程所倡导的主体性教育理念和蔡林森的"先学后教"，以及叶圣陶提出的"教是为了达到不需要教"的教育思想。

（1）建构主义认为知识不是通过教师传播得到的，而是学习者在一定的情景即社会文化背景下，借助他人的帮助，即通过人际探究、合作、协作、讨论、互动活动等利用必要的学习资料构建而获得的。由此可见，建构主义与人本学习理论都强调环境（本课题主要是指信息化环境）和社会背景（本课题主要是学生的现实生活）对学习的作用，强调意义学习或意义建构，强调协作，为本课题研究提供了理论依据。

（2）主体性教育理论告诉我们，教师在教育教学过程中要尊重学生的主体地位，发挥学生的主体作用，培育和发展学生的主体性——自主性、主动性和创造性，教育学生学会选择、学会参与、学会合作、学会适应、学会创造。新课程所倡导的主体性教育理念为本课题的实践提供了理论支撑。

（3）蔡林森的"先学后教"和叶圣陶提出的"教是为了达到不需要教"精辟论述与新课程所倡导的学生"自主学习"这一核心概念是相辅相成、有机联系的。这三者为指导本课题的实践操作提供了指导层面的理论依据。

2. 基本原则

"信息化环境下小学语文高年级教与学的有效性研究"不同于传统课堂环境的教学方式，在遵循课堂教学原则的基础上必须体现信息化环境下教学的特点。因而，本课题研究应该遵循以下原则：

（1）先学后教原则：课堂教学要充分发挥教师的指导作用，在学生学得知识的前提下，引导他们应用知识，举一反三，正相迁移，掌握方法，形成习惯。

（2）教学相长原则：教学过程是师生多向互动的过程。教师要充分认识学习者是学习过程的主体，创设和谐愉快的学习氛围，让学生在师生互相尊重、互相学习、互相欣赏的人际关系中自觉学习，主动探索。

（3）启发性原则："不愤不启，不悱不发"（孔子语），"愤悱启发是一条规律"（叶圣陶）。在教学过程中教师要及时捕捉学生内心深处的疑问，合理采用点拨、引导、暗示的方式，通过师生讨论交流、反馈评点，达到"疑难能自决，是非能自辨，斗争能自奋，高深能自探"的课堂教学追求目标。

（4）循序渐进原则：根据小学生认识事物的规律，我们在教学内容、教学方法和指导自主学习的全过程中必须由易到难，由简到繁，逐步深化提高，使学生在潜移默化的合作、探究过程中系统地掌握自主学习的技能和科学方法。

（5）因材施教原则：所谓因材施教，是指教师从学生的实际出发，使教学的深度、广度、进度适合学生的知识水平和接受能力，同时考虑学生的个性特点和个性差异，使每个人的才能品行获得最佳的发展。因材施教不但是我国古代教学经验的结晶，也是现代教学必须坚持的一条重要原则，它具有非常丰富的现代价值。实行因材施教，对培养适应时代需要的创新型人才，具有非常重要的现实意义。

（6）信息化情境创设的原则：信息化教学设计中的情境创设，简单地说就是基于特定的教学目标，将学习的内容安排在信息技术支持下的比较真实或接近真实的活动中，让学生通过参与真实的问题求解等实践活动，从而获得更有效的学习。

三、课题的界定

本课题中所述的"信息化环境"主要是指多媒体教室、网络教室、校园网、同步课堂、小区宽带网等硬件设施。对于学校而言就是将计算机多媒体技术和网络信息技术应用于教学、学习和教育管理中，以便形成新的教育教学模式，达到新的教育教学效果，从而有效推动教育教学改革，提高教育教学水平的目的。

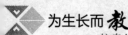

　　"高年级"是指义务教育小学阶段在校学习的五、六年级的适龄儿童，他们一般年龄在10—12周岁。

　　本课题中的"教"是指遵循"先学后教"原则，充分发挥教师的指导作用，在学生学得知识的前提下，引导他们应用知识，举一反三，正相迁移，掌握方法，形成习惯。

　　本课题中的"学"是指以学生作为学习的主体，通过学生独立的分析、探索、实践、质疑、创造等方法来实现学习目标的学习。教师把网络环境摆在重要位置，研究学法指导和新的学习手段、学习技术，使学生愿学、乐学、会学、善学，学会自醒、自励、自控，增强他们的适应性、选择性、竞争性、合作性和参与性。

　　"有效"主要是指通过教师的教学，学生能够获得具体的进步或发展，学生的进步或发展是衡量教学有效性的唯一标准。

　　从信息化环境与小学语文高年级教与学关系的角度来分析，本课题的界定应该是：利用信息化环境开展"先学后教"，提高小学语文高年级教与学的有效性，施教者屈小玲老师与中国移动通信集团广东有限公司海丰分公司同步课堂合作，有意识地开发网络环境，并根据所确定的教学目标及活动主题等来精心设计校内外的教学活动，实现知识传授、方法指导，引导并唤醒学生潜在的自主学习意识，让学生"自己学习，自己发现，自己创新实践"，从而形成自主、探究、合作的自主学习方式，培养他们的创新意识和实践能力。

四、本课题国内外研究述评及预计的研究突破

1. 本课题研究现状述评

　　信息技术的飞速发展给传统的学校教育带来了深刻的变革。由此带来的信息技术教育突破了传统的教育资源配置方式，突破了现存教育的组织结构、课程设置与传统的教学管理体制。现代信息技术教育得到了世界各国的高度重视，美国要求全美每间教室和图书馆都要连上信息高速公路；英国实施"网上教育年"；新加坡要求每所学校的所有教室及其他学习场所连通网络，小学四年级以上学生都要有自己的电子邮件账号；日本文部省和通产省联合实施的"百所中小学校联网试验研究"……

　　在我国，随着网络技术和信息技术的飞速发展，网络正在步入学校，进

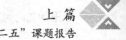
入课堂，走进我们的生活。网络进入了保守的课堂，我们的教学模式势必也要做相应的调整。如何在信息化环境下改革课堂教学的模式，创设最佳的学习环境，培养学生的探究精神和能力，应成为教育改革的一种大趋势。

全国各地校校通、班班通等相继建成并投入使用，教育教学的手段发生了历史性的改变，网络将成为教育教学的重要辅助手段，计算机网络不再是陈设，将真正利用起来，网络资源将成为做饭之"米"。但网络资源是杂乱无章的，无法直接满足日常教育教学的需要，所以我们要充沛有序地搜寻、开发和利用基于网络环境下的资源为教学服务，创设最佳学习环境。

我们试图通过"信息化环境下小学语文高年级教与学的有效性研究"这个课题，在中国移动通信集团广东有限公司海丰分公司同步课堂的帮助下，在实践中探索课堂教学中利用网络资源的较好模式和经验，在新课程改革的道路上走出一条创新之路。学校可根据本校的实际情况组建和扩充具有本校特色的教育教学资源库，这样既能使各校的学校网高速运转起来，也可以从资源的使用方面加快学科间的整合进度，对提高学校的教育教学质量也能起到很大的作用。让我们的教师在研究过程中树立新型的人生观和教学观，让我们的同学在网络资源的平台上自主学习、勇于探究、大胆创新，为日后能成为适用于信息社会的综合型人才打下坚实的基础，使学校教育在二十一世纪朝着自主的、有特色的课堂教学方向发展。

2. 本课题预计的研究突破

本课题的预计研究突破是多方面的。从教学角度讲，焕发我校课堂教学的生命活力，采取新鲜活泼的"先学后教"的教学形式，提高语文教学的质量和效率，能够使教师真正成为教材的再设计者和课堂生活的创新者。从学校教研角度讲，通过对高年级教与学的有效性研究，探索挖掘校本教研的有效资源，以及实施校本教研的有效途径和方法，以推进学校教学工作的顺利开展。

五、完成课题的可行性分析

（1）负责人屈小玲同志主持的广东省教育科研"九·五"规划课题《教学方法与技巧的研究与实践》的子课题《小学语文"三点"阅读方法与技巧的研究与实验》荣获汕尾市课题科研成果"一等奖"。"十·五"课题《小学生心理健康教育的研究》荣获汕尾市课题科研成果"三等奖"。"十二·五"海丰

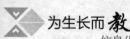
县的微型课题《基于网络环境下小学语文集体备课的研究》现已结题并推广。屈小玲同志在实验过程中注重信息技术与学科整合教学的探索实践，实现了教师角色、学生地位、教学内容、教学手段、教学流程的转变。可以说，在现代信息技术教育领域，她积累了一定的研究经验。

2014年10月，负责人屈小玲老师在"汕尾市2012工程名教师"跟岗培训中得到了华南师范大学况珊芸教授和华师附小特级教师江伟英老师的亲自指导。她在平时的教学工作中开展"思维导图"与"先学后教"相结合的教学模式，为小学语文高年级教与学的有效性研究奠定了基础。

（2）按《广东省中小学教育技术装备标准》要求，我校实现了网络班班通，并为各班配置了电子白板和多媒体投影仪、实物展示台等现代化教学设施。学校积极鼓励教师参与课题研究，并与中国移动通信集团广东有限公司海丰分公司合作，借助中国移动的同步课堂，彻底改变传统的"填鸭式"教学模式，尝试"先学后教"的教学模式，发挥教师的主导作用和学生的主体作用。所有这些，为学校推进教育现代化进程和开展《信息化环境下小学语文高年级教与学的有效性研究》课题研究提供了保障。

（3）本课题得到了学校领导和教研室的大力支持，课题研究经费的投入和使用都能够得到很好的监督和保障。学校在课题开展的过程中，保证合理使用省下拨的各项经费，包括专家咨询费、资料费、印刷费、网络费、研究人员出差费、研讨会议费等；提供所需的各种设备。学校还自筹该课题研究专项资金。学校为教师开展本课题研究充分提供了时间、政策及其他条件的保证。

六、课题的创新之处及研究假设

（1）信息化环境能使教师成为课堂教学的引导者，通过教师有意识地开发网络环境，根据所确定的教学目标及活动主题等来精心设计校内外的教学活动，实现知识传授、方法指导，引导并唤醒学生潜在的自主学习意识。

（2）信息化环境使学生自主学习成为可能。首先，信息化环境打破了正规教育、非正规教育的界限，使学生在学习过程中的自主性和自由度明显增强。其次，网络化的学习环境能使传统教育形式的不同优势得以综合，更好地体现学生的主体性。最后，信息化环境有益于对教师、教育教学管理人员及学生家长的培训和实时联系，有利于构建无缝的教育体系。

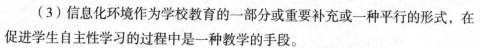

（3）信息化环境作为学校教育的一部分或重要补充或一种平行的形式，在促进学生自主性学习的过程中是一种教学的手段。

提出这样的观点，其创新之处在于不仅把"信息化环境"作为一种教学辅助工具运用于新课程理念的实践和验证，还把"信息化环境"作为一种崭新的教学手段运用于教学过程之中，使得学生能独立运用分析、探索、实践、质疑、创新等方法来实现学习目标，使其在评价、互动、合作、交往等方面发挥重要的教学作用。

根据上述理论依据和概念界定，假设教师根据小学语文高年级教学和开展的活动目标和内容，在信息化环境下，凭借技术的支撑，构建有利于学生自主学习的平台，指导他们在同步课堂或互联网上进行自主学习，从而改变学生的学习方式，以及教师的教学方式，在学生的自主学习过程中形成探究、合作能力，培养学生的创新精神，树立其创新意识，形成创新思维，有效提高小学语文学科课堂教学和校内外学习的效益，为学生的"终身学习"奠定基础。

七、研究目标及内容

1. 研究目标

（1）我们依托校园网，配合"教育E卡通"工程的实施，借助同步课堂，构建一个能实现学生学习、生活场所全覆盖的信息化环境，并从促进学生自主性学习的目标出发，精心打造学生成长的平台，为教师实施课题、学生健康成长创设一个良好的外部环境。

（2）在"先学后教，当堂训练"模式中形成的"三段式"（即预习·质疑——展示·探究——检测·反馈）自主课堂教学模式的基础上，有针对性地开展学法指导，倡导以"任务驱动""问题探究""资源利用与共享"的自主学习方式，培养"三会"人才。在此基础上，总结提炼出信息化环境下小学语文高年级教与学的一般课堂教学模式、网络课堂教学模式及校外自主学习指导模式。

（3）通过本课题的研究，能够促进教师教学观念的转变，造就一批具有新课程理念的教学骨干，进而有力地提升我校的办学水平，并为其他兄弟学校提供借鉴。

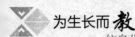

2. 研究内容

（1）"信息化环境下小学语文高年级先学后教模式的有效性研究"。

（2）"信息化小学语文高年部新课堂导学案的设计与实践研究"。

（3）"信息化环境下小学高年级习作评改多元化的研究"。

（4）"小学中高年级批注式阅读教学应用的研究"。

八、研究的思路和方法

（一）研究的思路

本课题的研究，我们主要是借助信息化环境通过"先学后教"的模式重建课堂。重建课堂，意味着我们要按照多元智能，建构主义理论和新课程的理念研究，改变和重塑小学语文课堂教学，探索出基础教育课程改革背景下的语文有效性课堂教学的基本模式。这就意味着教师必须改变惯有的思维方式和教学行为，意味着课堂教学应该发生一种结构和性质的变化。这种变化不仅要体现在教师的思维中，而且要体现在教师的教学操作和教学行为中，更要体现在现实的课堂中和学生当前的学习和发展中。

（二）研究的方法

本课题研究主要采用行动研究法、问卷调查法、经验总结法进行研究。

1. 行动研究法

行动研究是在一定的理论指导下，把教育教学实践与理论相结合的研究，它尤其注重实践者也要成为研究者，研究的结果要及时运用于教育教学实践的研究。在这里，课题组要充分调动小学语文教师的积极性，让他们成为本课题组研究的实践者。在实践研究中，还要不断反思总结，把研究的结果及时运用于实践。

2. 问卷调查法

问卷调查法主要是通过调查，深入课堂弄清当前课堂教学现状，并从中发现问题。为探索和改进当前课堂教学现状提供相关依据，以便有针对性地进行研究，以期达到最佳研究实效。

3. 经验总结法

经验总结法主要是对本课题研究过程中较有成效的研究工作进行及时总结提炼，形成的成果在全校乃至全镇推广应用，促进本课题研究的进一步深化研究。

九、研究计划及步骤

本课题研究,拟定为三年,分三个阶段进行。

第一阶段:课题构建阶段(2014年12月—2015年2月)

主要工作:

(1)组建课题组,确定实验班,制定课题方案及实施计划。

(2)召开课题组会议,学习讨论研究方案,明确研究思路,落实研究任务。

(3)查看搜索相关文献资料,把握研究现状与发展趋势。

阶段成果:形成课题方案。

第二阶段:课题研究的全面实施阶段(2015年3月—2017年7月)

主要工作:

(1)课题组教师按实施计划进行实验。

(2)课题组成员理论学习,召开课题组成员会议。

(3)召开课题研讨会,进行教学设计、教学案例、教学论文比赛。

阶段成果:相关论文,课题小结,中期报告。

第三阶段:总结、改进、提高与完善阶段(2017年8月—2018年8月)

主要工作:

(1)调查教师课堂教学的有效性。

(2)撰写研究报告。

(3)完成课题实验、各项成果资料工作,做好课题的资料汇编和结题工作。

十、完成本课题的主要措施

学校领导一直非常注重对教师科研素质的培养,也努力为教师搭建教学研究平台。校长担任科研领导小组组长亲自抓科研,对"科研兴校""科研兴师"抓得紧、抓得实、效果好。

(1)成立课题组、健全研究机构,做到研究任务、时间、人员三落实。

(2)制定课题管理条例、规范学习、研究制度,以激励为杠杆,激活教师

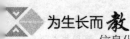

的研究热情。

（3）经费保证：学校加大科研投入力度，每学期对课题都安排一定的科研活动经费。对于教师的培训，课题组成员优先。学校将定期邀请上级有关专家来学校指导科研工作。

（4）制度健全。学校制定了科研工作制度、课题管理制度及奖惩制度，有力保障科研工作顺利进行。努力做到教学科研化、科研教学化，使学校教育教学与教育科研同步发展、共同提高。

十一、预期研究成果

（1）向总课题组提交课题研究结题报告一份。

（2）汇编课题组成员在研究过程中积累的有价值的案例及发表的研究论文。

（3）总结成功案例：

① 录制、编辑《信息化环境下小学语文高年级教与学的有效性研究》课题研究录像课。

② 编辑、汇集《信息化环境下小学语文高年级教与学的有效性研究》的教学设计。

十二、课题研究的组织机构和人员分工

1. 专家指导组

聘请了如下专家为本课题指导：

况珊芸：华南师范大学教授；

江伟英：华师附小特级教师；

吕小绒：汕尾市教研室副主任；

许家塔：汕尾市教研室教研员；

陈源德：汕尾市海丰县教研室主任；

林远谋：汕尾市海丰县教研室副主任。

2. 课题组织

组长：黄小健，小学高级教师，海丰县海城镇中心小学校长、党支部书记，主持研究工作。

主持人：屈小玲，小学高级教师，广东省特级教师、广东省中小学名教师工作室主持人、汕尾市小学语文学科带头人，1212名师工程学员，全面负责课题研究工作。

成员包括：

郑燕山：小学一级教师，海丰县海城镇城西小学副校长，全面参与课题研究工作，与主持人一起负责撰写课题开题报告、实施方案、结题报告等。

罗悦：小学高级教师，海丰县海城镇中心小学副校长，负责课题理论指导和课题研究制度的建设。

刘小波：小学一级教师，海丰县海城镇中心小学副教导主任，负责课题活动会议记录、问卷调查、案例收集。

彭春松：小学一级教师，海丰县海城镇中心小学教师（电脑员），负责资料的收集、整理、校对、打印等工作。

实验教师：马丽红、刘紫微、颜昭群、马秋华、吴瑞海、邱丽娜。

合作单位：中国移动通信集团广东有限公司海丰分公司。

海丰县教育局教研室

3. 设立子课题组

课题组成员实行层层负责制。根据高年段研究内容设立子课题组，郑燕山副校长担任子课题组组长，在总课题组的领导下，实施主持人负责制。

子课题组的主持人及课题项目：

（1）子课题《信息化小学语文高年部新课堂导学案的设计与实践研究》主持人：郑燕山。

（2）子课题《信息化环境下小学高年级习作评改多元化的研究》 主持人：马丽红。

（3）子课题《小学中高年级批注式阅读教学应用的研究》主持人：刘紫微。

4. 加强交流，突出实效

（1）课题组充分利用网络资源优势，通过网络研讨教研活动内容，交流实验情况。

（2）课题组通过博客等平台建立资源库，实现网络资源共享。

（3）结合"先学后教"开展研究活动，加强子课题组间的交流。

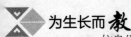

5. 提炼成果，总结推广

参研人员要强化成果总结意识和成果推广意识，对过程性研究成果进行认真总结、提炼。

参考文献

［1］蔡林森.教学革命——蔡林森与先学后教［M］.上海：东华大学出版社，2011.

［2］徐昊明.引导小学生自主、合作、探究学习［M］.南京：江苏人民出版社，2007.

［3］魏所康.主体教学论［M］.南京：河海大学出版社，1999.

［4］罗楚春.先学后研教学模式探索论文集［J］.中国经济，2010.

［5］钱卫军.谈课堂教学有效性［J］.教育理论研，2008（2）.

［6］江伟英.图解语文［M］.广州：新世纪出版社，2010.

"信息化环境下小学语文高年级教与学的有效性研究" 结 题 报 告

立项编号：2013YQJK304

广东省汕尾市海丰县海城镇中心小学　屈小玲　郑燕山

本人于2013年12月提交申报了《信息化环境下小学语文高年级教与学的有效性研究》的教学研究课题。2014年12月，经广东省教育科学规划领导小组批准立项。2015年3月，在海丰县陆安中学举办了课题的开题仪式，课题实验正式开始。按照课题研究计划，本课题于2017年8月—2018年8月进入结题阶段。现将课题研究情况总结如下。

一、课题的提出

我们选择并开展这一课题的研究，主要是基于以下考虑：

1. 从教育发展的宏观背景看

随着信息技术日新月异的发展，小学语文的教学形式、教学手段正在发生根本变化。由只利用黑板、粉笔、文本教材等传统教学手段，单向灌输式的课堂教学形式和以教师为中心的局面，逐渐向以学生为主体，教师为主导，师生共同利用多媒体计算机技术、网络技术等现代教学手段（当然亦不排斥必要的传统教学手段的配合）进行交互式开放性教学局面的转变。丰富多彩的信息化教学形式，突破了传统教学形式的时空局限，极大地提高了小学语文课堂的教学效益。

2. 从学校的发展角度看

2013年，我校已经实现了多媒体平台进教室的目标，从关注信息化的基础硬件设施建设转向关注实际应用的效益和效能，提高基础设施的使用效益，深入探

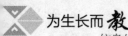

索"信息技术与学科融合"教学应用的模式和方法，进一步促进"信息技术"环境下的师资培训、资源建设、网络支持、管理机制等各方面工作的科学发展，实现课题研究和成果推广的良性循环。

3. 从教师教育教学改革实际看

历经十年的新一轮基础教育课程改革实验使 "自主、合作、探究"的核心理念走进寻常课堂。然而，课程改革是一个不断实践、验证新课程理念的过程。在这个过程中，我们欣喜地看到学校的现代化教学设施、设备齐全了，老师、学生运用现代信息技术的能力增强了。怎样把信息技术作为一种与教学并行的手段来改变教师的"教"、学生的"学"，却依然存在观念上、操作运用上的问题。

在教育改革走向均衡发展、特色发展、创新发展的今天，如何将现代信息技术与学校的新课程改革实验融为一体，成为促进小学语文高年级教与学的有效载体和教学手段，这正是在长期的研究与实践中困扰我们的问题，也是我们在课改实验中亟待解决的课题。基于这样的认识，我们在市、县领导、专家的多次指导、论证下，最终确定了《信息化环境下小学语文高年级教与学的有效性研究》这一课题。

二、主要结论和观点

该课题的研究目标是：结合语文新课程标准的实施和人教版教材的使用，根据语文学科的特点和本校的实际情况，充分发挥现代教育技术在语文教与学中的优势，构建在信息化环境下学生自主学习、主动探究、合作交流的语文学习方式，实现现代教育技术与语文课程的有效整合，推进语文课程课堂的改革，为语文教学信息化做贡献。我们把课题研究的重点确定在：利用网络这一工具和载体，改变教师的教学行为和模式，从而改变学生的学习方式，提高学生的学习能力和学习效率。

该课题的主要结论和观点是：

通过网络能促进师生教学与学习行为的改变，增强语文学科教与学的有效性。

有效教学即符合教学规律、有效果、有效益、有效率的教学。所谓"有效"，主要是指通过教师的教学，学生能够获得具体的进步或发展，学生的进步或发展是衡量教学有效性的唯一标准。

在信息化环境下开展小学高年级语文教学活动，能够克服语文教学长期存在的弊端，拓展小学语文高年级教学的天地。在信息化环境下，教师可鼓励学生自主探究、自主建构知识、养成能力，真正体现学生的主体地位，让语文课深受广大学生的欢迎。

在课题研究中，我们发现，依托校园网，配合"教育E卡通"工程的实施，借助"同步课堂""乐学乐教"平台，构建一个能实现学生学习、生活场所全覆盖的信息化环境，既可以拓展教学、学习的时间与空间，又能使教学与学习不再局限于有限的课堂之中，教育教学资源不再局限于教师和学校。学生可以随时随地进行学习，可以自主地确定学习进度的方式，可以利用最优的教育资源开展学习活动。

教师利用"同步课堂""乐学乐教"平台进行教学，改变了传统单一的线性顺序结构，从抽象化的文字扩展为图像、声音、视频等多种媒体，使课堂教学变得更为生动活泼，一些抽象难懂、枯燥的概念、理论，变得简单、直接，易为学生理解和接受，从而增强了教学的实效性。

"同步课堂""乐学乐教"平台不仅为学生创造了个性化学习空间，使学生的自主学习成为现实，而且为他们提供了丰富的学习资源，以及选择学习材料和学习方式的机会。学生可以根据自己的需要，决定所学内容和学习方式，按照适合自己的速度进行学习，随时随地根据学习结果，评价自己所达到的水平，找到自己的差距，加强薄弱环节，真正地完善和发展自我。

通过问卷调查，我们了解到：对"信息化环境下语文教与学"表示很喜欢和喜欢的小学高年级学生占63%和85%，表示较喜欢的学生占26%和13%，表示不喜欢的学生仅占1%和2%。

我们于实验初期在海城镇中心小学、城西小学、鲚门中心小学各选取四个班的同学，又进行了一次有关"信息化环境下六年级阅读教学的有效性研究"的问卷调查。调查问卷由8道题组成，共有约400名同学参加了调查。结果显示：

有90%的同学认为信息化环境下的教学对自己的语文学习有帮助，其中有24.4%的同学认为很有帮助，有94.3%的同学则肯定地认为老师用网络资源教学能提高教学效率，其中40%的同学很赞同这一点；有86.3%的同学认为利用网络能有较大的收获，其中38%的同学觉得收获很大；有95.2%的同学肯定了多媒体

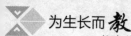
课件有明显的激趣作用，有92.3%的同学是非常欢迎多媒体课堂的。

此外，有80.8%的同学喜欢小组合作探究方式的学习，但也有9.8%的同学不赞同；有59.6%的同学较多地利用网络查阅资料，也有26.5%的同学较少利用网络查阅资料。

三、操作策略

1. 理论培训

2014年12月，广东省教育科学规划领导小组正式批准我课题立项后，课题组负责人及主要研究人员除参加开题活动外，还进行了一系列学习和培训活动。我们学习了蔡林森的"先学后教"和叶圣陶提出的"教是为了达到不需要教"的精辟论述，这些论述与新课程所倡导的学生"自主学习"这一核心概念是相辅相成、有机联系的。这三者为指导本课题的实践操作提供了指导层面的理论依据。我们还听取了华南师范大学况珊芸教授、陈建伟教授的报告，学习了信息技术与课程整合、建构主义、多元智能等理论，了解了信息化环境下教与学理论与实践的新信息，学习了新课标的精神。主持人屈小玲老师于2014年10月在"汕尾市2012工程名教师"跟岗培训中得到了华南师范大学况珊芸教授和华师附小特级教师江伟英老师的亲自指导。她在平时的教学工作中开展了"思维导图"与"先学后教"相结合的教学模式，为小学语文高年级教与学的有效性研究奠定了基础。

2. 借助"同步课堂""乐学乐教"平台，实践操作

为了配合课题研究，在学校的支持和中国移动通信集团广东有限公司海丰分公司的同步课堂的帮助下，我们课题组借助"同步课堂""乐学乐教"平台的网页设计，为学生提供了课前"预习—质疑"、课上"展示—探究"、课后"检测—反馈"的"三段式"导学案内容，汇总了课题组实验教师研究学习的成果，使之逐渐成为学生自主学习、资源共享的园地，可谓取之于教学，用之于教学。

课题组在实践中探索出课堂教学利用网络资源的较好模式和经验，在新课程改革的道路上走出一条创新之路。课题实验教师可根据本校的实际情况组建和扩充具有本校特色的教育教学资源库，这样既能使各校的学校网高速运转起来，也可以从资源的使用方面加快学科间的整合进度，对提高学校的教育教学质量也能起到很大的作用。让我们的实验教师在研究过程中树立新型的人生

观和教学观，让我们的学生在网络资源的平台上自主学习、勇于探究、大胆创新，为日后能成为适用于信息社会的综合型人才打下坚实的基础，使学校教育在二十一世纪朝着自主的、有特色的课堂教学方向发展。

3. 构建框架，建立模式

在"先学后教，当堂训练"模式中形成的"三段式"（即预习·质疑——展示·探究——检测·反馈）自主课堂教学模式的基础上，有针对性地开展学法指导，倡导以"任务驱动""问题探究""资源利用与共享"的自主学习方式，培养"三会"人才。在此基础上，总结提炼出信息化环境下小学语文高年级教与学的一般课堂教学模式、网络课堂教学模式及校外自主学习指导模式。

四、研究方法的特色与创新

（1）文献法：学习有关网络的知识和技术及学科教学的理论和经验。

（2）教学实验法：选择不同类型的年级和班级，进行对比实验，定量分析，研究网络教学的功能和最佳方法。

（3）调查法：以问卷调查的形式，研究学生对网络教学的信息反馈和教学实效，根据实验反馈信息进行个案分析。组织公开教学研究，邀请各方面专家对研究课进行评议，论证实验的研究方向和有效度。

（4）比较研究：实验班级与非实验班级的学习效果比较研究。

（5）经验总结法：对本课题研究过程中较有成效的研究工作进行及时的总结提炼，形成的成果在全校乃至全镇推广应用，促进本课题研究的进一步深化。

五、学术价值的自我评价

本课题的研究突破是多方面的：

（1）主持人屈小玲老师抓住"信息化环境下小学语文高年级先学后教模式的有效性研究"，提炼出新鲜活泼的融"思维导图""先学后教"于一体的"三段式"教学模式。从教学角度讲，它焕发了我校课堂教学的生命活力，提高了语文教学的质量和效率，使教师真正成了教材的再设计者和课堂生活的创新者。从学校教研角度讲，通过对小学语文高年级先学后教模式的研究，不仅探索挖掘了校本教研的有效资源，而且实施了校本教研的有效途径和方法，推进了学校教学工作的顺利开展。

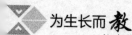

（2）成员郑燕山老师（子课题主持人）主要从"信息化小学语文高年部新课堂导学案的设计与实践研究"入手，提炼出课题成果《小学语文高年部新课堂导学案》；总结出导学案的设计方法，逐步修改完善了导学案现有的"五个"版块体系，设计出有实效性的导学案，并把"导学案的设计与实践研究"融入平时的教学中。其"五个"版块体系为：课前预习（课前）——合作探究（课内）——达标训练（课内或课后）——拓展延伸（课后）——相关链接（课后）；构建了"学案导学，自主探究"的基本课堂教学模式。

（3）成员马丽红老师（子课题主持人）主要从"信息化环境下小学高年级习作评改多元化的研究"入手，构建了示范评改、口头评改、学生自评、小组互评、集体评改、教师评改、家长评改等多元化的评改模式，充分调动了学生的评改主动性、积极性，使学生的写作水平在多次的习作评改实践中逐步提高。

（4）成员刘紫微老师（子课题主持人）主要从"小学中高年级批注式阅读教学应用的研究"入手，把重点放在小学中高年级批注式阅读教学的研究上，构建了批注式阅读教学新模式，即预习批注—主题批注—拓展主题阅读批注，不仅改变了教师"教"的模式，还改变了学生"学"的方式，促进了教师和学生各方面能力的共同提高。

经过几年的努力，我们的课题研究有了突破性进展和突出的研究成果，课题成员多年积累的精品教学设计、课例、课件在学校课题专题网页上也实现了资源共享，带动了全校乃至全镇教学的良性循环。

六、研究成果及社会影响

1. 优秀教学资源和经验

主持人屈小玲老师抓住"信息化环境下小学语文高年级先学后教模式的有效性研究"，提炼出新鲜活泼的融"思维导图""先学后教"于一体的"三段式"教学模式，组织实验教师编写了"三段式"导学案，编辑了"优秀案例集""优秀论文集"。她的教学视频、课件及教学设计，已在本校连续使用，也被全镇兄弟学校广泛采用，并得到了高度评价。

课题实验期间主持人及部分实验教师获得的奖项、荣誉列表

序号	姓名	奖项、荣誉	级别	时间
1	屈小玲	海丰县优秀共产党员	县级	2014年7月
2	屈小玲	汕尾市小学语文学科带头人	市级	2014年9月
3	屈小玲	海城镇小学首批语文学科带头人	镇级	2014年9月
4	屈小玲	新一轮（2015—2017）广东省中小学名教师工作室主持人	省级	2015年12月
5	屈小玲	广东省第九批特级教师	省级	2016年3月
6	屈小玲	《基于网络环境下小学语文集体备课的研究》荣获海丰县第一届普通教育教学成果奖一等奖	县级	2016年6月
7	屈小玲	汕尾市最美教师	市级	2017年9月
8	屈小玲	新一轮（2018—2020）广东省中小学名教师工作室主持人	省级	2017年11月
9	郑燕山	海城镇先进教育工作者	镇级	2015年9月
10	郑燕山	被聘为广东省屈小玲教师工作室成员	省级	2016年5月
11	马丽红	海城镇小学班主任专业能力比赛荣获一等奖	镇级	2015年10月
12	马丽红	海丰县中小学班主任专业能力大赛小学组一等奖	县级	2015年11月
13	马丽红	海城镇优秀辅导员	镇级	2016年5月
14	马丽红	汕尾市班主任专业能力比赛荣获二等奖	市级	2016年9月
15	马丽红	汕尾市优秀班主任	市级	2016年9月
16	马丽红	省级中小学骨干教师（语文）培训"优秀学员"	省级	2017年6月
17	马丽红	汕尾市中小学名班主任工作室主持人	市级	2018年3月
18	刘紫微	汕尾市小学语文学科带头人	市级	2016年9月
19	刘紫微	《小学高年级批注式阅读教学研究的应用》获广东教育学会第二届教育科研规划小课题研究成果一等奖	省级	2015年12月
20	刘紫微	《中高年级批注式阅读教学应用的研究》荣获海丰县第一届普通教育教学成果奖一等奖	县级	2016年6月
21	刘紫微	汕尾市中小学名班主任工作室主持人	市级	2018年3月
22	颜昭群	汕尾市优秀教师	市级	2015年9月
23	颜昭群	海丰县优秀辅导员	县级	2017年5月
24	颜昭群	被聘为广东省屈小玲名教师工作室助手	省级	2018年4月

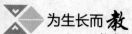
2. 精品课例

课题实验期间主持人及部分实验教师个人示范与展示的列表

序 号	姓 名	课例、讲座	级 别	时 间
1	屈小玲	课例《草原》	镇级	2014年6月
2	屈小玲	汕尾名师班成果展示课例《别饿坏了那匹马》	省级	2014年7月
3	屈小玲	课题课例《七律·长征》	区级	2014年10月
4	屈小玲	课题讲座《先学后教，当堂训练》——"信息化环境下小学语文高年级教与学的有效性研究"	镇级	2014年11月
5	屈小玲	《小就是美》——语文小课题讲座	镇级	2014年12月
6	屈小玲	课例《七律·长征》	镇级	2015年6月
7	屈小玲	课例《"精彩极了"和"糟糕透了"》	市级	2015年8月
8	屈小玲	课例《詹天佑》	市级	2015年9月
9	屈小玲	课例《别饿坏了那匹马》	市级	2015年10月
10	屈小玲	讲座《如何提高小学语文阅读教学的实效性》——"信息化环境下小学语文高年级教与学的有效性研究"	县级	2015年10月
11	屈小玲	讲座《跟岗学习，专业成长的加油站》	省级	2016年5月
12	屈小玲	课例《我最好的老师》	省级	2016年5月
13	屈小玲	阅读指导课《师生共读一本书》	省级	2016年10月
14	屈小玲	讲座《思维导图在小学语文教学中的运用》——"信息化环境下小学语文高年级教与学的有效性研究"	省级	2016年11月
15	屈小玲	作为导师参加省骨干学员的论文答辩	省级	2016年11月
16	屈小玲	讲座《如何提高小学语文阅读教学的实效性》——"信息化环境下小学语文高年级教与学的有效性研究"	区级	2016年12月
17	屈小玲	课例《十二生肖——鸡》	省级	2017年2月
18	屈小玲	课例《桥》	镇级	2017年3月
19	屈小玲	讲座《如何提高小学语文阅读教学的实效性》——"信息化环境下小学语文高年级教与学的有效性研究"	镇级	2017年3月
20	屈小玲	讲座《美国教育考察行与思》	省级	2017年5月

序号	姓名	课例、讲座	级别	时间
21	屈小玲	《小就是美》——语文小课题讲座	镇级	2017年5月
22	屈小玲	讲座《思维导图在小学语文教学中的运用》——"信息化环境下小学语文高年级教与学的有效性研究"	镇级	2017年6月
23	屈小玲	全市教育工作会议作为唯一教师代表发言	市级	2017年9月
24	屈小玲	讲座《如何推进儿童阅读》（海城镇）	镇级	2017年12月
25	屈小玲	讲座《如何推进儿童阅读》（陆河县河口镇）	镇级	2017年12月
26	屈小玲	讲座《如何推进儿童阅读》（陆河县实验小学）	县级	2017年12月
27	屈小玲	《推开窗户即江天——美国教育考察的行与思》	市级	2018年8月
28	屈小玲	《海丰县中学教师转岗培训》	县级	2018年8月
29	屈小玲	《语文新教材核心素养下的教与学》	县级	2018年8月
30	屈小玲	《语文主题学习专题讲座》	镇级	2018年9月
31	刘紫微	县优质课例一等奖《自己的花是别人看的》	县级	2014年4月
32	刘紫微	《最后一头战象》	省级	2016年5月
33	刘紫微	讲座《信息技术在语文课堂的应用》	省级	2016年11月
34	刘紫微	2017年小学毕业班语文学科观摩课《阅读理解专项训练——如何理解重点词句》	县级	2017年5月
35	刘紫微	讲座《阅读理解专项训练——如何理解重点词句》	县级	2017年5月
36	刘紫微	《为人民服务》	市级	2017年6月
37	刘紫微	讲座《掌握方法阅读沉淀——我的批注式阅读教学日志》	省级	2017年11月
38	刘紫微	群文阅读课《到底什么是"有用"》	县级	2017年12月
39	郑燕山	讲座《巧用导学案，创设高效课堂》	镇级	2016年11月
40	郑燕山	讲座《如何开展课题实验》	镇级	2017年6月
41	郑燕山	讲座《语文教学中导学案的运用》	镇级	2017年11月
42	马丽红	课例《作文评改的尝试》	镇级	2016年5月
43	马丽红	课例《珍珠鸟》	省级	2016年11月

续 表

序号	姓名	课例、讲座	级别	时间
44	马丽红	参加广东省屈小玲名师工作室送教送研活动，执教课例《珍珠鸟》	市级	2016年12月
45	马丽红	课例《童年趣事》	镇级	2017年3月
46	马丽红	课例《口语交际·习作五》	市级	2017年3月
47	马丽红	讲座《优化作文评改，提高学生写作水平》	县级	2017年12月
48	马丽红	讲座《优化作文评改，提高学生写作水平——分享习作评改教学的几点做法》	县级	2015年12月
49	马丽红	课例《我是大自然中的一员》	镇级	2017年11月
50	马丽红	习作指导《我是大自然中的一员》荣获2018年广东省优秀录像课评比一等奖	省级	2018年8月
51	颜昭群	课例《草船借箭》荣获2015——2016年度广东省"一师一优课、一课一名师"优课	省级	2017年6月
52	颜昭群	课例《草船借箭》	省级	2016年5月
53	颜昭群	课例《这片土地是神圣的》	省级	2016年11月
54	邱丽娜	课例《杨氏之子》	省级	2016年5月
55	吴瑞海	课例《用心灵去倾听》	市级	2017年12月

3.论文专著

课题实验期间主持人及部分实验教师个人论文案例获奖、发表列表

序号	作者	论文获奖、发表	级别	名次	时间
1	屈小玲	《小学语文"先学后教，当堂训练"模式初探》	市级	一等奖	2014年12月
2	屈小玲	《借助可视化思维工具引领学生体会诗歌的意蕴》	市级	二等奖	2014年12月
3	屈小玲	论文《借助可视化思维工具引领学生体会诗歌的意蕴》2015年1月《汕尾教育》（总第109期）发表	市级		2015年1月
4	屈小玲	论文《如何提高小学语文阅读教学的实效性》2015年8月《汕尾日报·汕尾周刊》（总第6 406期）发表	市级		2015年8月
5	屈小玲	论文《如何培养学生自主学习、自主探究的能力》2015年8月《汕尾日报·汕尾周刊》发表	市级		2015年8月

续表

序号	作者	论文获奖、发表	级别	名次	时间
6	屈小玲	《论思维导图在小学语文教学中的应用》	市级	三等奖	2015年12月
7	屈小玲	《〈七律·长征〉导学案教学反思（案例）》	县级	一等奖	2014年12月
8	屈小玲	《小议导学案的编写原则及要求》	县级	一等奖	2016年12月
9	屈小玲	《"文章不厌百回改"——信息化环境下小学高年级习作评改多元化的研究》	市级	一等奖	2017年12月
10	屈小玲	论文《"文章不厌百回改"——信息化环境下小学高年级习作评改多元化的研究》发表于《课外语文》杂志2018年4月上第10期（国内统一刊号：CN21_1479/G）	省级		2018年4月
11	屈小玲	论文《试论信息化背景下利用"三段式"教学提高小学语文的课堂实效》已被《教学管理与教育研究》（国内统一刊号：CN10–1390/G4，国际标准刊号：ISSN 2096–224X）录用，将于2018年11–12月刊发表	国级		2018年9月
12	屈小玲	论文《信息化环境下小学高年级习作评改多元化研究》获2018年广东省优秀论文评比三等奖	省级	三等奖	2018年8月
13	郑燕山	论文《浅谈"先学后教，当堂训练"的几点体会》发表于《课外语文》杂志2018年4月上第10期（国内统一刊号：CN21_1479/G）	省级		2018年4月
14	郑燕山	论文《浅谈"先学后教，当堂训练"的几点体会》获2018年广东省优秀论文评比三等奖	省级	三等奖	2018年8月
15	郑燕山	《"先写后教"让学生享受成功的喜悦》	市级	二等奖	2014年12月
16	刘紫微	《以读促悟，悟中生情——〈凡卡〉教学设计（第二课时）》在《中学课程辅导（教师教育）》（国内统一刊号：CN14–1307/G4的2014年第6期）发表	省级		2014年6月

续 表

序号	作者	论文获奖、发表	级别	名次	时间
17	刘紫微	《掌握方法阅读沉淀——我的批注式阅读教学研究日志》在《课外语文》（国内统一刊号：CN21-1479/G）的2018年第13期发表	省级		2018年5月
18	刘紫微	《品味语言，感受异域风情——〈自己的花是让别人看的〉教学设计》在首届广东省小学语文青年教师教学设计市级三等奖	市级	三等奖	2014年12月
19	刘紫微	《小学高年级学生批注式阅读习惯的培养》	县级	二等奖	2016年12月
20	刘紫微	《浅谈高年段习作讲评中的赏识合力》	县级	二等奖	2015年12月
21	刘紫微	《重新审视语文教学的"听说读写"》	县级	一等奖	2015年12月
22	刘紫微	《批注式阅读教学的实践探索与思考》	县级	一等奖	2015年12月
23	刘紫微	《信息化环境下小学语文高年级"教"的三个核心》获2018年广东省优秀论文评比二等奖	省级	二等奖	2018年8月
24	马丽红	论文《"三曲协奏"，改出习作精彩》	市级	二等奖	2014年12月
25	马丽红	论文《浅谈小学生习作评改的有效策略》	市级	二等奖	2014年12月
26	马丽红	论文《让学生成为作文评改的主人》荣获市二等奖	市级	二等奖	2015年12月
27	马丽红	论文《浅谈如何培养小学生阅读能力》荣获县一等奖	县级	一等奖	2015年12月
28	马丽红	论文《多元化评改，让习作之花灿然绽放》荣获市二等奖	市级	二等奖	2016年12月
29	马丽红	论文《优化作文评改，提高学生写作水平》荣获市一等奖	市级	一等奖	2016年12月
30	马丽红	教学案例《互评互改，改出习作精彩》荣获市二等奖	市级	二等奖	2016年12月
31	马丽红	《导中学，读中悟——〈珍珠鸟〉教学案例》发表于《速读》杂志2017年9月上旬刊（国内统一刊号：CN42_1841/I）	省级		2017年9月

序 号	作 者	论文获奖、发表	级 别	名 次	时 间
32	马丽红	论文《激发学生写作兴趣的几点尝试》发表于《课外语文》杂志2018年4月上第10期（国内统一刊号：CN21_1479/G）	省级		2018年4月
33	马丽红	论文《浅谈关于习作评改的几点尝试》获2018年广东省优秀论文评比二等奖	省级	二等奖	2018年8月
34	黄小健	论文《浅析信息化背景下小学语文高年级"教与学"模式的有效性》发表于《课外语文》杂志2018年12月上第10期（国内统一刊号：CN21_1479/G）	省级		2018年12月
35	刘小波	论文《信息化语境下小学语文的"教与学"模式的创新构造》发表于《课外语文》杂志2018年12月上第10期（国内统一刊号：CN21_1479/G）	省级		2018年12月
36	颜昭群	论文《浅谈如何提高学生的写作水平》发表于《课外语文》杂志2018年4月上第10期（国内统一刊号：CN21_1479/G，国际标准刊号：ISSN1672-0490,邮发代号：8-35）	省级		2018年4月

4. 学术交流

2014年10月，屈小玲老师到华师附小参加跟岗学习，课例《七律·长征》大胆借助可视化思维工具"蛛网图""桥型图"，采用"先学后教，当堂训练"的导学方法，被华南师范附属小学特级教师江伟英定为跟岗展示课例，在韶关市武江区开展的"聚焦课堂，共享精彩"华南师范附属小学——金福园小学教学研讨同课异构活动中，教学效果好，受到韶关市武江区小学全体语文教师的一致好评。

2014年11月，屈小玲老师为学校行政及全校语文教师做了《先学后教，当堂训练》——"信息化环境下小学语文高年级教与学的有效性研究"的课题讲座，受到全体语文教师的一致好评。

2014年12月，屈小玲老师为全镇业务校长、教导主任及全镇微型课题承担者做了《小就是美》——语文小课题讲座，为他们即将进行的课题实验进行辅导讲座，受到与会者的一致好评。会后屈老师还辅导了青年教师陈秋娜、马丽

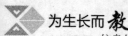

红、蔡柏华完成课题申报工作和课题开题报告、实施方案。

2015年3月，屈小玲老师为全镇语文教师展示了广东省教育科研"十二五"规划2013年度研究一般项目《信息化环境下小学语文高年级教与学的有效性研究》课题的实验课例，她把"思维导图""先学后教"融入"三段式"（即预习质疑—展示探究—检测反馈）的教学流程中，形成独特的教学风格，她的大胆创新为全镇的诗歌教学提供了范例。

2015年6月，屈小玲老师参加了"汕尾市1212名教师工程培训"的第四期活动——课题汇报，得到了华师基教院张燕玲、陈燕等导师的指导，她们向屈老师提出了许多宝贵的意见。

2018年3月26日，屈小玲老师参加汕尾市省骨干教师培训时在广二师进行《信息化环境下小学语文高年级教与学的有效性研究》课题结题汇报，与专家、同行交流分享了课题实验的成果。

2018年5月7日，主持人屈小玲老师在"汕尾市1212名教师培养"结业上进行课题成果展示交流与课题答辩活动。

课题组多次进行课题实验教学研究现场会，与汕尾市的同行进行教学观摩、评课等多种形式的学术交流，得到了高度评价。

5. 喜获佳绩

我校小考成绩一向名列前茅，近年来随着教改的推进，汕尾市小学质量检测也在不断改革，但我课题组几位实验教师所带班级的考试成绩一如既往在全县乃至全市名列前茅。

回顾这几年的语文小考成绩，我们觉得：这些优秀成绩的取得，除了科组备课组的团结协作，继承传统外，也得益于我们广泛开展"在信息化环境下小学语文高年级教与学的有效性研究"的科研活动。

七、研究中存在的问题及研究后的反思

1. 研究中存在的问题

因为课题组的老师都是一线的老师，教学任务繁重，理论学习的时间比较欠缺，没有充足的时间整理实验的成果，对实验研究的总结比较仓促，论文集比较粗糙。课件制作、平台更新维护缺乏专业人才，而我们自己的老师制作课件、更新维护平台的水平只处在业余阶段，更缺乏时间。所以，课题组课件的

制作、平台的更新与维护都存在一定的问题。

2. 研究后的反思

信息化环境下的小学语文教学，也要注意如下几个问题：

（1）图像化代替不了语文想象能力的培养，也代替不了言语教学。这是由语文学科的性质和特点决定的。语文新课标指出："语文是最重要的交际工具，是人类文化的主要组成部分。工具性与人文性的统一，是语文课程的基本特点。"语文学习要求学生通过语言文字生动形象的描述来激发自身的形象思维——想象，在大脑中呈现出相关的具体图像。语文不是因图像而形象，而是因语言而形象，用多媒体展示图形、图像不能代替阅读主体即学生的想象，正如观看电视剧不能取代阅读文学作品原著一样。阅读主体的个体体验千差万别，更为重要的是小学高年级阶段是思维能力发展的黄金时期，不恰当的图像展示反而影响了学生联想想象能力的培养，如朱自清先生在《匆匆》一文中描绘的"时光流逝"图，有很多引发学生想象的文字，如果把这种描写转换成为实实在在的图像或影片，反而索然无味，失去了美的享受，失去了读者与文本心灵的沟通。

语文教学最重要的是言语教学。词语的选择和使用、句式的排列和组合，这都不是图像能够解决的，图像代替不了语文的言语教学。

（2）语文教学很注重情感熏陶，冰冷的机器取代不了师生和文本的心灵交流。语文学习是让学生通过语言文字的阅读理解感受文章的思想感情，这也是由语文学科的性质和特点决定的。在语文课堂上，学生和文本之间、同学之间、师生之间，都应该有心灵的交流；老师和学生都要用心去品味文章的内容和语言。在这点上，冷冰冰的网络机器是永远无法做到的。可以说，网络资源只是信息的搜集和展示，网络教学只是方法与手段的进步，它代替不了教学目标和教学内容。

（3）程式化的图像和文字投影代替板书，影响了教学的灵活机动。吕叔湘先生曾指出：语文教学"关键在于一个'活'字"。又说："成功的教师之所以成功，是因为他把课讲活了。"可见"活"是语文课堂教学成功的关键。网络教学的特点之一是程式化，这的确使教学设计能够更加有序、完整、完善。但是，用程式化的图像和文字投影代替板书，反而会影响教学的灵活机动，也不符合以生为本的教学原则。

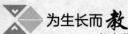

（4）网络信息的纷繁芜杂使学生无所适从，影响了学生的学习效率。网络教学的信息量不可谓不丰富，但过多的信息也可能造成学生在有限的时间里不易做出有效的选择，反而会使学生无所适从，影响学习的效率。

八、今后的研究设想

（1）研究成果的循环使用。课题组会继续总结汇总课题成员多年积累的精品教学设计、课例、课件、论文等，并在学校网站上资源共享。

（2）争取把研究成果结集出版。

省课题优秀案例集

新课程标准指出：要转变学生的学习方式，倡导以"主动参与，乐于探究，交流与合作"为主要特征的学习方式，让学生在主动、探究、合作学习中成长，努力建设开放而有活力的语文课程，通过语文实践，全面提高学生的语文素养。在此基础上，本篇内容以导学案为载体，有效利用信息化环境，对"教"与"学"以案例的方式予以集中展示，充分彰显了课堂的有效与高效。

我的"三段式"课堂

广东省汕尾市海丰县海城镇中心小学　屈小玲

◆ 窃读记 ◆

温馨寄语：我自信，我成功，我快乐，我成长。

一、学习目标

（1）学生通过自学，正确读写"窃读、惧怕、充足、屋檐、支撑、炒菜、锅勺、踮起脚、哎哟、饥饿、一碗、真酸、书柜"等词语。

（2）学生通过自读、品读、悟读，体会窃读的滋味，感悟作者对读书的热爱。（重点）

（3）学生通过小组合作交流，学习作者通过细致入微的动作描写和心理描写表达感情的方法与好处。（难点）

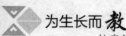

（4）教师培养学生尽责勤奋的品格。

二、学法指导

（1）小组合作学习：学生在小组合作之前要充分地自学，将课文读通、读顺，再根据导学案设计的问题展开学习，遇到自己解决不了的问题打上问号，在小组内讨论。

（2）思维导图：导图导学。

三、知识链接

林海音，原名林含英，小名英子，祖籍台湾省，小英子在北京长大。毕业后任《世界日报》记者。1948年回到故乡台湾，任《国语日报》编辑。1953年主编《联合报》副刊，开始文艺创作，并兼任《文星》杂志编辑和世界新闻学校教员，1967年创办《纯文学杂志》，以后又经营纯文学出版社。林海音的创作是丰富的，迄今为止，已出版了十八本书。此外，还有许多文学评论、散文等，散见于台湾报刊。

四、课前积累

读书词语：一目十行、手不释卷、博览群书、囫囵吞枣。

【预习质疑】

（1）我会用心地把课文读两遍，读准字音，读通句子，把课文读流利。

（2）我要把课文中的生字、好词圈出来，多读几遍，读准字音，记住字形，我还想把这些好词抄写两遍，并会用其中的一两个造句。

（3）通过预习，我知道了课文以＿＿＿＿＿为线索，以"我"＿＿＿＿＿、＿＿＿＿＿两个场景的插入，表现了＿＿＿＿＿＿＿＿＿＿＿＿＿＿＿。

（4）我还会用简洁的语言概括文章的内容，并通过思维导图的方式表达出来。（可按时间、地点、人物、事情的起因、经过、结果这六要素去概述。）

（5）细读课文，最让我感动的情节是什么？

（6）我知道课文哪些地方写了"我"如饥似渴地读书，我要抄写这样的句子，并说说自己的体会。

（7）质疑。读完课文之后，我还有一些不理解的问题，我想记下来，上课与同学讨论。

【展示探究】

（1）作者这样说："我很快乐，也很惧怕——这种窃读的滋味"，我会找出描写作者如饥似渴地读书的句子，我还会找出课文中描写"我"这种心理活动的语句，并与同学讨论一下这样写的好处。

（2）我会联系生活实际，说说对"你们是吃饭长大的，也是读书长大的"这句话的理解。

（3）小结："吃饭长大"指的是身体的物质需要，"读书长大"则是指精神的成长、心灵的成长。粮食哺育的是身体，而书籍哺育的是灵魂，一个知识与智慧不断增长的人，才是健康成长的人。让我们都做爱读书的人吧！

拓展延伸：我还搜集到了一些有关作者、名人读书的故事、读书名言的资料，想与大家分享。

【检测反馈】

1. 我会写

jù pà　　　chǎo cài　　　guō sháo　　　diǎn jiǎo　　　chōng zú　　wū yán

（　　　）　（　　　）　　（　　　）　　（　　　）　　（　　　）（　　　）

shū guì　　tān lán　　　yè xià　　　jī cháng lù lù

（　　　）　（　　　）　（　　　）　　（　　　　　）

2. 找个简单的词代替

（1）我的眼睛急切（　　　）地寻找，却找不到那本书。

（2）我很快乐（　　　），也很惧怕（　　　）——这种窃读的滋味。

3. 我会填

一（　　　）书　　　（　　　）的理由　　　匆匆地（　　　）

一（　　　）香味　　　（　　　）的滋味　　　贪婪地（　　　）

一（　　　）面条　　　（　　　）的休息　　　急切地（　　　）

⊞ 教学反思

《窃读记》一文，细腻生动地描绘了"窃读"的独特感受与复杂滋味，表现了"我"对读书的热爱和对知识的渴求。

课文多处运用自语式的独白描绘心境，表达自己的情感，只有通过读才能

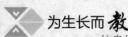

感受得到。所以，课前预习，我先布置孩子们读，让他们把课文读通顺；运用思维导图把课文的脉络理清楚；接着一开课，我就让孩子们大声地、自由地读课文，去感受，读后谈体会。之后，在课中"展示探究"的过程中，我又逐段指导学生进行朗读，这时有的学生跃跃欲试，我就满足他们的要求，孩子们读得很好。接着，我又播放比较舒缓的音乐让孩子们自己读，从读中听出他们已经把感受融入文本中了。接下来，我把大量时间还给孩子们，让他们尽情地读。一节课，书声琅琅，学生们读得非常投入，有的学生还主动积累自己喜欢的段落。

课后，我静下心来思考，认为成功的一点是：整堂课读得有层次，学生读的兴致也很高。遗憾的是：虽然我也引导学生联系生活实际去感悟窃读的滋味和对知识的渴望，但他们的理解还是比较肤浅。

◆◆ 我的"长生果" ◆◆

温馨寄语：相信自己，挑战自己，超越自己。

一、学习目标

（1）学生通过自学，正确读写"比喻、心扉、呐喊、过瘾、莎士比亚、磁石、锻炼、借鉴、呕心沥血、囫囵吞枣"等词语。并理解"呕心沥血、囫囵吞枣"的含义。

（2）学生通过自读、品读、悟读，了解课文主要内容，体会作者悟出的道理。（重点）

（3）学生学习作者的一些读书和习作的方法。（难点）

（4）教师培养学生积极主动的品质。

二、学法指导

（1）自读自悟，合作学习：学生按阅读提示，把握课文主要内容，想想作者写了哪几件事，从中悟出了什么道理，然后把感受最深的部分多读几遍并做一些批注。之后，和大家交流自己的体会。

（2）思维导图：导图导学。

三、知识链接

叶文玲，女作家，1942年11月4日生于浙江省玉环县楚门镇。1958年发表处女作《我和雪梅》，从此走上文坛，后以短篇小说《心香》闻名遐迩。她恪守"美是文学的生命"的宗旨，孜孜于真善美的追求，同时致力于散文创作，收获颇丰。至今已有600多万字36本作品集及一部8卷本文集出版；是中国当代文坛极为勤奋且很有影响力的作家，其作品曾获多种奖项。

四、课前积累：有关读书的名言

莎士比亚："书籍是全世界的营养品。"高尔基："书是人类进步的阶梯！"皮罗果夫："一本好书，就是一个好的社会，它能够陶冶人的感情和气质，使人高尚。"

【预习质疑】

（1）我会用心地把课文读两遍，读准字音，读通句子，把课文读流利。

（2）我要把课文中的生词、好词圈出来，多读几遍，读准字音，记住字形，我还想把这些好词抄写两遍，并会用其中的一两个造句。

津津有味 _____

呕心沥血 _____

（3）我还会根据意思写词语。

①比喻读书不做细致地分析，笼统地接受。（　　　）

②读书只要略知大意就可以了，不必追求透彻。这里指作者水平有限，因读不懂而放过去，不得已而为之。（　　　）

③形容要求很迫切，好像饿了急着要吃饭，渴了急着要喝水一样。（　　　）

（4）通过预习，我知道这篇散文主要回忆了_____，阐明了自己读书的特有感受，以及读书对自己生活的影响，表达了作者_____。

（5）我通过自学，画出思维导图，然后按课文内容填空。

①书，被人们称为人类文明的_____，是_____。

②像_____，像_____，我每忆及少年时代，就_____。在记忆的心扉中，少年时代的读书生活恰似_____，也似_____。

（6）质疑。读完课文之后，我还有一些不理解的问题，我想记下来，上课

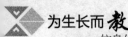

与同学讨论。

【展示探究】

（1）通过自学，我知道作者写了童年读书、作文的几件事，从中悟出了什么道理，我想把它写下来。

（2）我想把我感受最深的语句摘抄下来读一读，并和同学们交流一下我的体会。

（3）小结：这节课，通过了解作者少年时代的读书生活，我们不但感受到了作者对书的热爱，而且还悟出了道理。

拓展延伸：学了课文，我感受到读书和作文有密切的联系。我想结合我的生活实际，来谈谈我的感受。

【检测反馈】

1. 请在正确读音下面打"√"

（1）我每忆及少年时代，就禁（jīn jìn）不住涌起愉悦之情。

（2）我读得很快，大有囫（hú wù）囵吞枣的味道。

（3）我是对阅读如饥似（sì shì）渴的少年。

（4）学校图书馆里的图书像磁（cí chí）石一样吸引我。

2. 把词语补充完整

如__如痴　　　　浮想__翩　　　　不求__解　　　　千篇一__

流光溢__　　　　悲__离合　　　　不言而__　　　　__然神伤

3. 根据课文内容填空

（1）这时我养成了做读书笔记的习惯：记书中优美的_____，记描写的_____。

（2）作文首先构思要_____，落笔点也要_____；作文要写开_____，但是真正打动人心的东西，应该是自己_____。

教学反思

《我的"长生果"》一课，是一篇拓展阅读课文，教学重在使学生懂得读书与作文的关系，通过重点段的阅读，让学生明白：一是要构思新颖，别出心裁；一是要有真情实感，在模仿借鉴后要进行呕心沥血的创造，才能够打动人心，获得成功。课前，我先让学生自读自悟，以读为本，读中思考，读中领悟。文本中没有难理解的句子，但成语较多，有些还是很常用的。我们这里的孩子，学习主动性不强，总是依赖老师，在老师督促下才肯去查词典。这节课，我除了引导他们理解"囫囵吞枣""不求甚解"外，基本放手让学生自读，真正做到"把课堂还给学生"，没有讲得太多，其他的词语让学生联系上下文自己去理解，注意引导学生结合重点段体会作者对书的情感，对阅读的热爱，同时引导学生联系自己的实际来谈体会，把酷爱读书这种情感贯穿始终，领会正是作者在书里如饥似渴地汲取营养，不断地成长起来，所以在作者回首少年时光时才感到那样的愉悦。学生是学习的主人，在他们的课堂上，热烈讨论，充分表达自己的见解，只有学生认识到自己是学习的主人时，他们才会主动、自觉地学习，才是真正学会学习。

◆◆ 梅花魂 ◆◆

温馨寄语：即使爬到最高的山上，一次也只能脚踏实地地迈一步。

一、学习目标

（1）学生通过自学，正确读写"缕缕、幽芳、漂泊、唯独、顿时、稀罕、离别、大抵、精神、品格、灵魂、骨气、民族、气节、磨难、欺凌、境遇、毕竟、梳理、衰老、珍藏、华侨、能书善画、风欺雪压、顶天立地、低头折节、泪眼蒙眬"等词语。

（2）学生通过自读、品读、悟读，并结合重点词句体会人物思念祖国的思想感情。（重点）

（3）学生通过小组合作交流，学习作者通过细致入微的动作描写和心理描写表达感情的方法与好处。（难点）

（4）教师培养学生爱国的品格。

二、学法指导

（1）小组合作学习：学生在小组合作之前要充分地自学，将课文读通、读顺。

（2）学生根据导学案设计的问题展开学习，还可以读一读其他的文章，深刻感受漂泊在外的游子热爱祖国的赤子之心。遇到自己解决不了的问题先打上

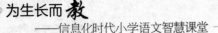

问号，再在小组内讨论。

（3）思维导图：导图导学。

三、知识链接

梅花的寓意：梅花象征坚忍不拔、百折不挠、奋勇当先、自强不息的精神品质。几千年来，它那迎雪吐艳、凌寒飘香、铁骨冰心的崇高品质和坚贞气节鼓励了一代又一代中国人不畏艰险，奋勇开拓，创造了优秀的生活与文明。梅花斗雪吐艳、凌寒留香、铁骨冰心、高风亮节的形象，鼓励人们自强不息、坚忍不拔地去迎接春天的到来。

四、课前积累

《梅花》

王安石

墙角数枝梅，凌寒独自开。

遥知不是雪，为有暗香来。

【预习质疑】

（1）我会用心地把课文读两遍，读准字音，读通句子，把课文读流利。

（2）我要把课文中的生字、好词圈出来，多读几遍，读准字音，记住字形，我还想把这些好词抄写两遍，并会用其中的一两个造句。

（3）通过预习，我会用简洁的语言概括文章的内容并画出思维导图。（可按时间、地点、人物、事情的起因、经过、结果这六要素去概述。）

（4）通过自学，我了解到了外祖父第一次哭是因为＿＿＿＿＿＿＿＿＿，第二次哭是因为＿＿＿＿＿＿＿＿，从这两次哭可以看出＿＿＿＿＿＿＿＿。

（5）质疑。读完课文之后，我还有一些不理解的问题，我想记下来，上课与同学讨论。

（6）我要读一读课后的阅读链接——《故乡》，争取能背诵全文。

【展示探究】

（1）有感情地朗读课文，想一想课文通过哪几件事表达了外祖父对祖国的思念之情。

（2）通过学习课文，我深入理解了题目，明白了"魂"是指＿＿＿＿＿＿。

题目不仅是指梅花的_____，更象征我们_____。

（3）找出描写外祖父喜爱梅花的句子读一读，体会这些句子对表达外祖父的思乡之情有什么好处。

（4）小结：我知道了课文前后_____，全文结构严谨，表达了外祖父爱_____，并在爱梅花中寄托了_____思想感情。

拓展延伸：我还搜集到了一些著名的描写思乡的诗歌。

【检测反馈】

1. 外祖父为什么对梅花情有独钟，文中第13段给我们解开了这个谜团

（1）外祖父之所以爱梅花，爱的是梅花的精神——有_____、有_____、有_____。

（2）一个中国人，无论在怎样的环境里，总要有梅花的秉性才好！

A.外祖父希望每个中国人都要有梅花坚强不屈的秉性。（　　　）

B."我"像梅花一样迎风傲雪，不畏艰难。（　　　）

C.这句话是外祖父借梅花做比喻，表示他对"我"殷切希望的嘱咐：希望"我"能在任何环境里，不忘自己是中国人，要做一个有骨气的、堂堂正正的中国人。（　　　）

2. 写话练习

我仿佛看到孤独的外祖父_____。我想告诉外祖父和所有的海外华侨，_____。

3. 积累背诵

这梅花，是我们_____。旁的花，大抵是_____才开花，她却不一样，愈是_____，愈是_____，花开得_____，_____。她是最有_____、最有_____、最有_____的！几千年来，我们中华民族出了许多_____人物，他们不管历经_____，不管受到_____，从来都是_____，不肯_____。他们就像这_____一样。一个中国人，_____在_____的境遇里，有_____才好！

教学反思

《语文课程标准》指出："语文是人类文化的重要组成部分"，其基本特点是"工具性与人文性的统一"。在新课标的理念指导下，我们的阅读不仅仅

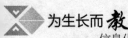

是教会学生读懂文本、获取书面知识，更要尊重学生在阅读文本时的感悟，并与作者产生情感共鸣。由此，我深入文本，努力寻找贴近学生生活的话题，以此作为切入点，让学生自我感悟。所以，课前预习质疑我先让学生思考："哪些地方最让你感动？想想为什么让你感动？"这一发散性的问题可以让学生在自主学习、积极阅读文本的基础上，充分表达自己的想法，在阅读中将自己的感情通过文中的语言表达出来。课中展示探究的时候，尤其在讲到中国历史上出了哪些有气节的中国人的时候，教学达到了高潮，孩子们想到了精忠报国的岳飞，想到了留有"人生自古谁无死，留取丹心照汗青"诗句的文天祥，想到了不辱使命的苏武，想到了不惧威胁、冲破阻挠回到祖国怀抱的钱学森，想到了王二小、江姐……望着他们一张张激动的小脸，我发现孩子们已经感受到了梅花魂就是民族魂，就是中华民族几千年来不屈不挠的民族精神。在整个教学过程中，我始终尊重学生的独特情感和已有的认知水平，围绕学生设计教学活动，体现以学生为主体，力图营造一个充满活力的课堂。每一篇文章都有值得我们和学生共同去感悟的地方，而每一个人的所得是不尽相同的。我们要引导学生在学习时，在感悟他人的美妙篇章时，不忘时时联系自己，感悟自己，感悟人生，"把别人的文章当注解，把自己的人生当正文"！

◆◆ 新型玻璃 ◆◆

温馨寄语：我自信，我成功，我快乐，我成长。

一、学习目标

（1）我会读5个生字，会写8个生字，并能正确读写"急促、报警、盗窃、犯罪、金属、银行、图纸、即使、规定、藕断丝连、窗帘、保持、噪音、集中、处理、对付、研制、奇迹、安然无恙、博物馆"等词语。

（2）我能正确、流利、有感情地朗读课文，了解迅速发展的当代科技及其在现代化建设中的作用，理解课文内容，知道课文介绍的五种新型玻璃的特点和用途。（重点）

（3）我要领悟作者的表达方法，并学习运用。（难点）

（4）教师培养学生创新的意识。

二、学法指导

（1）小组合作学习：学生先了解五种新型玻璃的特点和用途，再领悟作者的表达方法，体会作者遣词造句的生动准确。

（2）思维导图：导图导学。

三、知识链接

夹丝玻璃也称防碎玻璃或钢丝玻璃。它是将普通平板玻璃加热到红热软化状态时，再将经预热处理的钢丝或钢丝网压入中间而制成。夹丝玻璃表面可以是压花的或磨光的，颜色可以制成无色透明或彩色的。

夹层玻璃是在两片或多片玻璃原片之间，用PVB（聚乙烯醇丁醛）树脂胶片，经过加热、加压黏合而制成的平面或曲面的复合玻璃制品。

吸热玻璃是能吸收大量红外线辐射能并保持较高可见光透过率的平板玻璃。

四、课前积累：玻璃的自我介绍

亲爱的顾客，你们好！我是"吃音玻璃"，是消除噪音的能手。日常生活中，噪音就像一个来无影去无踪的"隐身人"，无处不在又难以对付，常常使您无法安心休息、入睡。可是，我却有办法制服它，您信不信？如果您的家、办公室在闹市区，街上的噪音常干扰您工作、休息的话，那么请您将我带回去装上吧！我一定会还您一个清静舒适的环境，街上的噪音传到房间后就大大减弱了。为了您和家人的健康，请马上行动吧！

【预习质疑】

（1）我会用心地把课文读两遍，读准字音，读通句子，把课文读流利。

（2）我要把课文中的生字、好词圈出来，多读几遍，读准字音，记住字形。

（3）我还想把这些好词抄写两遍，并会用其中的一两个造句。

（4）我还会根据意思写词语。

① 快而短促。　　　　　　　　　　　　　　　　（　　　）

② 连一点影子也看不见。　　　　　　　　　　　（　　　）

③ 指人平安无病，也泛指事物没有受到损害。　　（　　　）

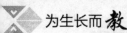
（5）练习用思维导图画出课文脉络。

【展示探究】

（1）默读课文，我要想一想课文介绍了几种新型玻璃，它们各有什么特点和作用。小组合作学习，把新型玻璃的特点和作用填在表格中。

类　型	特　点	作　用
夹丝网防盗玻璃		
夹丝玻璃		
变色玻璃		
吸热玻璃		
吃音玻璃		

（2）小组讨论：举例说说作者在介绍各种玻璃时运用了哪些说明方法。

（3）我要做一回说明家，把我想发明的玻璃用我喜欢的方式写下来。

（4）小结：通过学习，我知道了课文主要给我们介绍了（　　　）种玻璃，我最喜欢的是（　　　），它的特点是（　　　），作用是（　　　）。

拓展延伸：课后找一些商品说明书读一读，看看它们是怎样介绍商品及其使用方法的。

【检测反馈】

1. 连线

夹丝网防盗玻璃　　　　　　　消除噪音

夹丝玻璃　　　　　　　　　　阻挡强光

变色玻璃　　　　　　　　　　自动窗帘

吃音玻璃　　　　　　　　　　自动报警

吸热玻璃　　　　　　　　　　藕断丝连

2. 我知道这些句子使用的说明方法

A. 噪音像个来无影去无踪的"隐身人"。（　　　）

B. 它非常坚硬，受到猛击仍安然无恙；即使被打碎了，碎片仍然藕断丝连地粘在一起，不会伤人。（　　　）

C. 临街的窗子上如果装上这种玻璃，街上的声音为40分贝时，传到房间里就只剩下12分贝了。（　　　）

教学反思

　　学生是学习的主人。我们的教学更重要的是唤醒和激发学生主动参与学习的意识，使学生产生学习的欲望。在布置课前预习质疑时，我从学生熟知的玻璃出发，引出了所要学习的新内容，学生急于想知道新型玻璃到底是什么样的，这就激发了他们的阅读兴趣。在课中展示时充分发挥教师的指导作用和学生的主体作用，注重培养学生合作学习的能力。为了让学生更有目标地学习课文，我设计的第一环节是：在引导学生学习课文的第一自然段时，按照这样的步骤进行：1. 读文；2. 画重点句子；3. 找关键词；4.总结特点和作用再填表。最后再引导学生总结学习方法。接下来，以自主学习和合作学习相结合的方式学习后四种新型玻璃。课堂上这一环节调动了学生的积极性，把学习的时间还给了学生，让学生在轻松愉快的氛围中学习，使他们的创造思维得到培养，从而突破了教学重难点，提高了学习效率。在这一环节中我由"扶"到"放"，真正把学习的主动权还给了学生，并做到了"授之以渔"，教会了学生学习的方法。

◆◆ 学会看病 ◆◆

　　温馨寄语：相信自己，我一定能做得更好！

一、学习目标

　　（1）学生通过自学，认识"打蔫、噢、怔住、喋喋不休、艰涩、坠入、忐忑不安、拖沓、倚靠"等词语，联系上下文或查工具书理解"打蔫儿、喋喋不休、雪上加霜、按图索骥、忐忑不安、聊胜于无"等词语的含义。

　　（2）教师培养学生的独立阅读能力。学生阅读课文，找出描写母亲语言和心理的句子，体会母亲感情的变化及对儿子的爱。（重点）

　　（3）学生学习作者通过人物的语言和心理描写，表现母亲感情变化的写作方法。（难点）

　　（4）教师培养学生坚韧的品格。

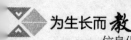
二、学法指导

（1）学生通过自主学习、交流、朗读，结合课文中的语言和自己的生活实际，体会母亲感情的变化，从而感受自己所得到的母爱。

（2）思维导图：导图导学。

三、知识链接

毕淑敏，国家一级作家，内科主治医师、心理学家。曾获庄重文学奖，小说月报第四、五、六、七、十届百花奖，当代文学奖，陈伯吹文学大奖，北京文学奖，昆仑文学奖，解放军文艺奖，青年文学奖，台湾第16届中国时报文学奖，台湾第17届联报文学奖等各种文学奖30余次。代表作有《不宜重逢》《翻浆》《红处方》《血玲珑》《拯救乳房》等。最新作品《心灵7游戏》引起了极大的关注。

四、课前积累：（母爱开头）

她在我心中无比的高大，她的和蔼、慈祥、朴素深深地印在了我的脑海里。但她也有严厉的一面，这使我懂得了"严是爱，松是害"的道理，她就是我眼中的妈妈。

【预习质疑】

（1）我要用心地把课文读两遍，读准字音，读通句子，把课文读流利。

（2）我会认读下面的词语，还会加上拼音呢!

喋喋不休　雪上加霜　按图索骥　忐忑不安

毫无疑义　来日方长　聊胜于无

（3）我会找出描写母亲语言和心理的句子，摘抄下来，还要多读几遍。

（4）通过读课文，我知道了课文主要写了一件什么事。

（5）我会用思维导图画出课文脉络。

（6）质疑。读完课文之后，我还有一些不理解的问题，我想记下来，上课与同学讨论。

【展示探究】

（1）面对生病的孩子，母亲又是怎么做的呢？

（2）我会找出描写母亲语言和心理的句子，体会母亲感情的变化。

（3）读最后一个自然段，回答问题：

那么，她是怎样向儿子倾诉的？找出来写在下面的横线上

_____。

（4）小结：爱，有许多种表现形式，有细腻的爱，有粗犷的爱，有时放弃也是一种爱，就像本文中的母亲，为了让儿子早日学会独立，忍痛割爱，让生病的儿子独自去看病，这看上去是"放弃"，实际上是更大更深一层的爱。

拓展延伸：联系生活，写一件事体现母亲对你的爱。

【检测反馈】

1. 我会把下列词语补充完整，并说出它们的意思

（　　）不休　　　雪上（　　）　　　　按图（　　　）

（　　）不安　　　毫无（　　）　　　　来日（　　　）

（　　）于无

2. 我会按课文内容填空

（1）我想我一定是（　　）的母亲，在孩子生病的时候，不但不帮助他，还给他（　　）。我就是想锻炼他，也该领着他一道去，一路上（　　），让他先有个印象，以后再（　　）。

（2）时间（　　）地流动着，像（　　）。两个小时过去了，儿子还没有回来。虽然我知道看病是件费时间的事，但我的心还是（　　）。

（3）母亲让儿子独自去看病之后，心理经历了复杂的变化：做出决定——（　　）——（　　）——（　　）。

（4）我想把我喜欢的词语或句子积累下来。

_____

_____

_____

🔲 **教学反思**

理解这位母亲独特的爱子方式是本文教学的重难点。为了突破教学的重

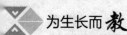

难点，我在课中"展示探究"时采用了"说"与"读""读"与"悟"相结合的方式，引导学生一步一步走入文本，去理解母亲尽责的独特方式，所以教学的重心放在研读探究、体会母爱的教学环节中。我先让学生用不同的符号勾画出描写母亲语言和心理活动的句子，然后叫他们多读几遍，体会母亲感情的变化，并在自己感受最深的地方写一两句话。接着小组合作交流各自的阅读所得。在此基础上，全班交流。从孩子们的相互交流中，我能体会到他们已经理解了这位母亲的做法，但是母亲对儿子那份浓浓的母爱之情学生理解得较为肤浅。为了让孩子们理解得更深入一些，我紧紧地抓住文中多处描写这位母亲内心活动的句子，通过多种形式反复朗读。在边读边悟中，孩子们不仅逐步认识到母亲感情变化的过程（做出决定—犹豫不决—心软后悔—自责担心—勇气回升），而且从这些细致的心理活动句子的描写中，他们真切地感受到了浓浓的母爱。有的孩子能抓住文中的重点词或句子，并结合自身的实际谈感受，有一部分孩子只能蜻蜓点水或浮光掠影地谈一点，只有极个别学生的表述缺乏条理性、逻辑性。

◆◆ 毛主席在花山 ◆◆

温馨寄语：聪明在于勤奋，天才在于积累！

一、学习目标

（1）学生通过自学，会读本课的词语："碾子、簸箕、俺、吱吱扭扭、一筒、炊事员、沏茶、瓷碗、舀了、笤帚"，并能联系上下文理解生词的意思。

（2）学生通过自读、品读、悟读和小组合作交流等方式，了解毛主席在花山的三件事，感受毛主席关心热爱人民群众的高尚品质。（难点）

（3）通过小组合作交流，学生领悟作者通过具体事例，抓住细节描写人物的方法。（重点）

（4）教师培养学生仁爱的品格。

二、学法指导

（1）学生在合作之前要充分地自学，将课文读通、读顺，自学生字、词。

（2）小组合作学习，学生根据导学案设计的问题展开学习，遇到自己解决不了的问题打上问号，在小组内讨论。

（3）思维导图：导图导学。

三、知识链接

花山——河北省阜平县城南庄以北的一个小村子。1948年春夏之交，中央领导同志从山西前往河北平山县西柏坡村的途中，曾在这里住过几天。毛主席等中央领导人前往西柏坡村的目的是为了召开第七届中央委员会第二次全体会议。会议于1949年3月5日至13日胜利召开，讨论了中共工作重心由农村转移到城市的问题，提出了党在胜利后的总任务。文章讲了毛主席在花山村关心群众碾米、给碾米的群众送茶水和帮助群众推碾子三件事，表现了毛主席关心群众、爱护群众、处处为群众着想的崇高思想品质。

四、课前积累

人物描写的几种方法：
（1）通过人物的肖像写人。
（2）通过人物的语言写人。
（3）通过人物的行动写人。
（4）通过人物的心理写人。
（5）通过人物的活动环境写人。
（6）通过细节描写、侧面描写写人。

【预习质疑】
（1）我会用心地把课文读两遍，读准字音，读通句子，把课文读流利。
（2）我要把课文中的生字、好词圈出来，多读几遍，读准字音，我还想把这些好词抄写两遍，并会用其中的一两个造句。

_____

_____

（3）通过预习，我会用自己的话简练地概括文章的内容。

_____

_____

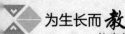

（4）我会用思维导图展示课文内容。

（5）质疑。读完课文之后，我还有一些不理解的问题，我想记下来，上课与同学讨论。

【展示探究】

（1）通过预习，我知道了课文按照事情发展的顺序，讲述了毛主席在花山的三件事，我想用简练的语言来讲述一下，希望大家听后对我的回答进行评价或补充。

（2）读完课文，我感受到了毛主席的伟大。我想抓住课文中令我感受深刻的一些语句，在小组内谈谈我的体会。之后，选出一位同学在班级内汇报。

（3）我还知道本文之所以能打动我们，是因为作者描写人物的方法很好，我想和大家交流一下。

（4）小结：通过学习，我看到了毛主席热爱群众、关心群众和群众打成一片的革命情怀，还知道了描写人物时，应通过具体事例，抓住细节描写突出人物的特点。

拓展延伸：学了《毛主席在花山》，毛主席给你留下了什么样的印象？我还知道毛主席的一些故事，想和大家一起分享。

敬老尊贤，应该应该

1959年6月25日，毛泽东回到故乡。六月的韶山，已是一片夏日风光。他特意邀请他读私塾时的老师毛禹珠先生和他一起用餐。当年师生，今非昔比。毛禹珠自感不胜荣幸。席间，毛泽东敬酒，毛禹珠十分感激地说："主席敬酒，岂敢岂敢！"毛泽东笑盈盈地回道："敬老尊贤，应该应该。"

【检测反馈】

（1）填空：课文讲了1948年春夏之交，毛主席在花山做的三件事，分别是：＿＿＿＿，＿＿＿＿，＿＿＿＿，表现了毛主席（　　）、（　　）、（　　）的革命情怀。

（2）把下列句子换种说法，意思不变。

① 我们如果没有老百姓的支持，能有今天这个局面？

②我们吃的、穿的，哪一样能离开老百姓的支持？

_____

③这些道理你不是不明白。

_____

（3）毛主席热爱人民群众，平易近人。如果你是花山的一位农民，在与毛主席会面时，如何把你的心声倾吐，请写一写。

_____

_____

教学反思

在设计教学时，考虑到略读课的特点，以学生自学自悟为主，于是我设计了初读—再读—总结写法三步教学。初读后初知课文大意，了解毛主席在花山发生了哪几件事；再读时让学生说说通过毛主席在花山的几件事，自己体会到了什么，把感受深的地方画出来，并做简单批注；最后快速浏览课文，想想作者是如何写出毛主席这种高贵品质的，从而小结写法，并用刚刚学会的写法进行小练笔。

但在具体教学实施过程中，学生虽然能很快找出毛主席在花山的三件事，但汇报从这三件事中体会到了什么，谈感受的时候，学生的体会、感受非常片面且不够深刻。反思其原因有二：第一，以为经过前面几篇课文的学习，学生对当时的时代背景有了一定的了解，于是在讲授本课时，我并未补充相关历史资料，在谈感受时，却发现学生对当时人民生活、环境的了解非常有限，也就无法从"沏茶给群众"及"给警卫员烟抽"这两件事体会毛主席关心、热爱群众的高贵品质了。第二，对毛主席本人的介绍没有进行必要的补充。虽然在课文的第一句提到了毛主席"夜以继日地为解放全中国的事业操劳着"，但没有具体资料的补充介绍，学生仍无法理解毛主席是如何日理万机的，就更无法理解毛主席在为解放全中国事业操劳的同时，仍惦记着普通群众的日常生活琐事这样一种情怀是何等的值得敬仰！

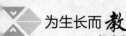
信息化环境下小学语文高年级教与学的有效性研究

——《伯牙绝弦》教学案例

广东省汕尾市海丰县鮜门镇中心小学　刘紫微

【教学目标】

（1）学生朗读课文，背诵课文。

（2）学生能根据注释和课外资料理解词句意思，能用自己的话讲讲这个故事。

（3）学生积累中华经典诗文，感受朋友间真挚的友情。

【教学重点】

学生凭借注释和工具书读通、读懂内容，在此基础上记诵积累。

【教学难点】

学生感受朋友间相互理解、相互欣赏的纯真友情。

【案例描述】

1. 课前：预习——质疑

▪ **《预 习 单》** ▪

一、看到"伯牙绝弦"这一题目，我想问_____。

二、字词预习

1.给下列生字注上拼音，认真拼读三遍，并用心临摹。

哉	兮	弦	谓	矣	善

2.找一找句子中加点词语的意思，并连线。

伯牙善鼓琴　　　　　　妙极了，太好了

善哉　　　　　　　　　擅长

志在高山　　　　　　　心里所想

伯牙所念　　　　　　　心里想到

终身不复鼓　　　　　　再，重复

三、搜集资料

查找有关资料，了解俞伯牙和钟子期的故事。

四、课文预习

1.正确朗读课文两遍，读通、读顺课文，读出节奏、韵味。

伯牙/善/鼓琴，钟子期/善听。伯牙鼓琴，志在高山，钟子期曰："善哉，峨峨兮/若/泰山！"志在流水，钟子期曰："善哉，洋洋兮/若/江河！"伯牙/所念，钟子期/必得之。子期死，伯牙/谓/世/再无知音，乃/破琴/绝弦，终身/不复鼓。

2.再次默读课文，将文中的注释在短文相应的位置标示出来，并尝试运用"联系注释""联系上下文"的方法理解这个故事。

伯牙善鼓琴，钟子期善听。伯牙鼓琴，志在高山，钟子期曰："善哉，
　　（弹）　　　　（擅长）　　　　（心里想到高山）

峨峨兮若泰山！"志在流水，钟子期曰："善哉，洋洋兮若江河！"
　　（高）　（心里想到）　　　　　　　　　（广大）

伯牙所念，钟子期必得之。子期死，伯牙谓世再无知音，乃破琴绝弦，
　　　　　　　　　　　　　　　　　　（真正了解自己的人）　（断绝）

终身不复鼓。
　　（再）

3.课文叙述了俞伯牙＿＿＿＿＿＿，钟子期＿＿＿＿＿＿，二人成为＿＿＿＿＿＿，后来子期身亡，伯牙摔琴以谢知音，并终身不再弹琴的故事。表现了伯牙与子期的＿＿＿＿＿＿，说明＿＿＿＿＿＿。

通过一学期的学法训练与信息工具的操作训练，我班的学生已经具备了利用乐教乐学平台课前自习的能力，因此我在《预习单》给学生定下的目标如下：

（1）自学生字，读准字音，读通句子。

（2）利用乐教乐学的课文诵读软件，根据《预习单》中画好的节奏，读出文言文的节奏。

（3）进行文言文学法的指导，将文中的注释在短文相应的位置标示出来，并尝试运用"联系注释""联系上下文"的方法理解这个故事。这时可以利用乐教乐学平台中的习题游戏进行文言文的翻译。

（4）利用网络搜索有关俞伯牙、钟子期的故事。

2. 课中：展示——探究

教学时，用《高山流水》的音乐导入后，我让学生对课前预习的情况进行了展示：

> 1.交流自己收集到的有关俞伯牙、钟子期的资料。
> 2.我知道课题《伯牙绝弦》的意思：_____。
> 3.小组朗读竞赛：要求读准、读通、读顺课文，读出节奏、韵味。
> 伯牙/善/鼓琴，钟子期/善听。伯牙鼓琴，志在高山，钟子期曰："善哉，峨峨兮/若/泰山！"志在流水，钟子期曰："善哉，洋洋兮/若/江河！"伯牙/所念，钟子期/必得之。子期死，伯牙/谓/世/再无知音，乃/破琴/绝弦，终身/不复鼓。
> 4.小组交流：运用"联系注释""联系上下文"的方法理解这个故事的意思。

在展示以上四个问题时，我使用班级优化大师中的小组竞赛功能进行评比，学生个个兴味盎然，踊跃展示，争取为小组得分。从学生的展示中，我发现学生通过课前预习、小组交流，基本上能完成《预习单》中的三个学习目标。学生不仅能读出文言文的节奏，而且能凭借注释和工具书读通、读懂内容。

《探究单》

> 学法提示：
> ①小组明确任务；②品读短文；③小组交流；④汇报展示。
> 1. 什么是"知音"？你从哪里看出伯牙和钟子期互为知音？在原文圈画，做上批注。
> 2. 伯牙为什么"绝弦"？（用文中原句回答）你体会到了什么？请写在这句话的旁边。

紧接着我设计了两个问题让学生依托课文进行合作探究：

探究一：什么是"知音"？从哪里看出钟子期和俞伯牙互为知音？

（1）说说"知音"的意思。

（2）根据学生画出体现钟子期和俞伯牙互为知音的语句，抓住关键字"善"，反复品读。引导学生在读中感受朋友间相互理解和欣赏的真挚友情。

（3）大胆想象：伯牙弹琴除了峨峨泰山、洋洋江河的场景，还会有哪些动人的场景？这时，子期分别是怎样赞叹的？

仿句说话：

伯牙鼓琴，志在明月。钟子期曰："善哉，皎皎兮若明月！"

伯牙鼓琴，志在细雨。钟子期曰："善哉，绵绵兮如（　　　）！"

伯牙鼓琴，志在（　　　）。钟子期曰："善哉，（　　　）兮若（　　　）！"

探究二：伯牙为什么"绝弦"？（用文中原句回答）你体会到什么？请写在这句话的旁边。

（1）学生交流：伯牙为什么"绝弦"？并谈体会。

（2）补充阅读材料，理解伯牙的摔琴之举及此举背后隐喻的含义。

> 阅读明代冯梦龙在《警世通言》中用生动的笔触描述了这个动人的故事。在子期墓前，俞伯牙曾经写下了一首短歌，来追悼自己的知音钟子期。
>
> 忆昔去年春，江边曾会君。今日重来访，不见知音人。但见一抔土，惨然伤我心！伤心伤心复伤心，不忍泪珠纷。来欢去何苦，江畔起愁云。
>
> 子期子期兮，你我千金义，三尺瑶琴为君死，此曲终兮不复弹！摔碎瑶琴凤尾寒，子期不在对谁言！春风满面皆朋友，欲觅知音难上难。

（3）交流读后感受。

（4）谈谈自己对俞伯牙绝琴这种做法的理解。

3. 课后：检测——反馈

本次课后检测我安排了两篇课外阅读材料《俞伯牙坟头摔琴谢知音》和《余音绕梁》。

教学反思

实验一学期后，我们惊喜地发现：在信息化环境下构建小学语文高年级先学后教的教学模式，确实是高效的。它的创新性在于：施教者根据所确定的教学目标及活动主题等，精心设计校内外的教学活动，依托信息平台实现知识传

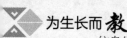
授、方法指导，引导并唤醒学生潜在的自主学习意识，让学生"自己学习，自己发现，自己创新实践"，从而形成自主、探究、合作的学习方式，培养他们的创新意识和实践能力。

以我所执教的《伯牙绝弦》为例，我依托信息平台开展"三段式"教学，课前我班的学生通过乐教乐学平台的课文诵读软件和习题游戏这两种学生喜欢的方式，完成了本节的教学目标（1）和（2）。教师只需做好习题的模板，不用评改，就可以从平台数据中知道学生自学的情况，可谓是不费吹灰之力。这种方式，学生学得轻松、愉快，教师教得也轻松。

课中进行展示探究。展示部分采用班级优化大师方式，充分调动了学生学习的积极性，又加强了学生协调合作的意识。探究部分，我把重点放在文言文语感的初步感知和对故事本身的体会上，通过诵读、体验、对话、联想，走进这个故事，以"读"为突破口，以读为本，读中感悟。整节课读中有悟，悟后有读，读反反复复，悟越来越明。并且，我还进行了必要的拓展延伸，让学生明白了所谓的知音，就是那个世上最懂你、知你的人。

课后检测反馈：我安排学生阅读相关的两篇阅读材料。《俞伯牙坟头摔琴谢知音》，旨在对从内容、写法、情感两种文体进行对比，体会到文言文和白话文的异同，并加深学生对"知音"的感悟。《余音绕梁》讲述的是音乐家韩娥的故事，是一则文言文，安排此文的目的在于强化本节课的学法——学生借助注释、联系上下文读懂文言文。从乐教乐学平台上学生上传的数据来看，大多数的学生用语音功能讲《余音绕梁》的故事，基本上都能读懂。

信息化环境下小学语文高年级课堂
如何实现先学后导

——《跑进家来的松鼠》教学案例

广东省汕尾市海丰县鲘门镇中心小学　刘紫微

【背景】

本学期，我们在屈小玲老师的指导下开展《信息化环境下小学语文高年级教与学的有效性研究》的课题实验。结合课题组提出的"先学后教""三段式"教学模式，我在所教班级对学生进行了学法训练，并利用软件班级优化大师加强了班级小组的建设。12月16日，我在所教班级执教该模式的研讨课《跑进家来的松鼠》。

利用信息化环境开展"先学后教"，提高小学语文高年级教与学的有效性，主要是施教者根据所确定的教学目标及活动主题等，精心设计校内外的教学活动，依托信息平台实现知识传授、方法指导，引导并唤醒学生潜在的自主学习意识，让学生"自己学习，自己发现，自己创新实践"，从而形成自主、探究、合作的学习方式，培养他们的创新意识和实践能力。

在《跑进家来的松鼠》一课的具体教学中，我以课文为本，以紧扣品读字句为前提，通过"预习质疑——展示探究——检测反馈"三段式导学，引导学生自主学习，在诵读中体会松鼠的可爱及家人对松鼠的喜爱之情，以此激发学生喜爱动物之情，共同创建人与动物的和谐社会。

【案例描述】

1. 课前：预习——质疑

本篇课文文字浅显，课前我设计《预习单》让学生充分预习：

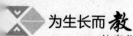

《预习单》

一、课题"跑进家来的松鼠"点明了课文描写的对象是_____。

二、在文中圈出下列词语，理解画线词语的意思。

储备　垫窝　贮存　烟囱　干脆　千方百计　橱柜　哭笑不得

千方百计：

哭笑不得：

三、请用本课词语作答。

1. 他的滑稽动作逗得我_____。

2. 这个小卖部有_____的学习用品。

3. 我们要_____想法把成绩提高上去。

4. 几个人争着抢先，谁也_____。

5. 他爱搞恶作剧，常常弄得我_____的。

6. 他头缠绷带来到学校，令老师_____。

四、课文预习

1. 正确朗读课文两遍，读通、读顺课文。标出自然段，本文共有（　）个自然段。

2. 再次默读课文，梳理课文内容。

（1）文章写的是一只松鼠跑进我们家后，在我们家接二连三发生的一些趣事：

①_____；②_____；③_____。

（2）文章通过这一系列有趣的事，使一只_____、_____的小松鼠跃然纸上，通篇字里行间流露出我们一家人对小松鼠的_____之情。

3. 通过预习，你还有哪些需要和老师、同学探究的地方，写在下面。

《预习单》的目标如下：

（1）流利地朗读课文。

（2）给课文标自然段。

（3）读读记记"储备、干脆、失踪、不甘落后、千方百计、哭笑不得"等词语。

（4）根据提示理解文章脉络。

（5）写出自己的收获或疑问。（旨在通过学生的自习，使学生对课文有一定程度的了解。）

2. 课中：展示——探究

通过本组教师集体备课，我们制定出本课的教学目标为：

（1）有感情地朗读课文。理解课文内容，体会作者对松鼠的喜爱之情，激发学生爱动物、爱自然的情感。

（2）学习作者是如何将动物与人之间的感情写得真实而具体的，并能在习作和课外阅读中尝试使用。

针对本课的教学目标，我在《导学案》《探究单》中设计了两个问题来帮助完成本课的教学目标：

（1）说说松鼠在"我"家做了哪些趣事？你从中体会到了什么？

（2）文章字里行间流露出作者一家人对松鼠的喜爱之情，我能找出这些句子，画出重点词句，读一读，品一品，写一写自己的感悟。

教学时，我先让学生对课前预习的情况进行了展示：

> 1.从课题中你想到了什么？
> 2.文章写的是一只松鼠跑进我们家后，在我们家接二连三发生的一些趣事：
> ①_____；②_____；③_____。
> 3.通过预习，你还有哪些需要和老师、同学探究的地方，写在下面。

由于有了课前预习，学生在完成以上课前预习交流后，很快就对文章的主要内容、写作思路有了理解，并且很快就能感受到小松鼠的可爱，感受到作者一家对小松鼠的喜爱之情。

紧接着我设计了两个问题让学生依托课文进行合作探究：

■ **《探 究 单》** ■

> 1. 文章字里行间流露出作者一家人对松鼠的喜爱之情，找出这些句子，画出重点词句，读一读，品一品，写一写自己的感悟。
> 2.作者是怎样来表达对松鼠的喜爱之情的？

请同学们翻开书，先自己学，再通过小组讨论交流完成《探究单》中的学习任务。

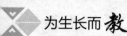

此时，学生先是很安静地进行独立思考，大约四分钟后，在组长的组织下开始集体讨论交流，得出小组的答案，接着组长进行分工，一切都在有条不紊中进行着。

在小组交流时，学生能将有关句子准确地找出来，有的同学抓住文中描写松鼠动作灵活、讨人喜欢的语句感受松鼠的可爱；有的同学抓住文中爸爸的话和作者的议论从侧面描写体会作者一家人对松鼠的喜爱。除此文外，同学们还在书上做批注，组内感情朗读，互相质疑。学生对第一个任务的理解深刻了，对第二个任务的感悟自然就水到渠成了。同学们都能感受到：《跑进家来的松鼠》的作者通过松鼠在"我"家的几件有趣的事来反映松鼠的可爱，表达作者对松鼠的喜爱之情。在此基础上，我出示了五年级《松鼠》一文的第一自然段让学生进行比较，揣摩两者的不同。

特别值得一提的是，通过半学期运用软件班级优化大师中小组竞赛的功能，学生的合作意识加强了，各个小组全员参与，严阵以待，当代表汇报完后，小组其他同学还进行了恰当的补充。就这样，整节课通过学生的补充、合作探究，完成了教学目标，学生成了课堂上真正的主人，自主探究学习的意识强烈，体现了学生的主体作用和教师的主导作用。而学生的学习，也由原来的浅层学习逐步向深度学习迈进。这体现出学生已经适应了这种"先学后教"的教学模式，其合作意识也加强了。

3. 课后：检测反馈

我安排一些拓展延伸的活动，旨在通过阅读五篇阅读材料，让学生在读中继续感受人与动物之间的感情，继续揣摩作者是如何描写动物的、如何表达人与动物之间情感的，并在此基础上进行写法的迁移——让学生展开合理想象，写一写如果松鼠跑到你家里，你会怎么做。

■ **《检测单》** ■

1. 拓展阅读《蝈蝈》《麻雀是动物界最后的烈女》《小女孩和海豹》《与狼共舞》《被遗弃的波比》。

2. 展开合理想象：如果松鼠跑到你的家里，你会怎么做？把你想到的写下来。

我班的拓展阅读主要在学乐云教学平台开展，我将五篇文章发到学乐云教学平台的班级圈，学生阅读后可发表自己的感受与收获，教师、家长、同学可以对其进行点评，从而利用信息平台实现师生互动、亲子互动、生生互动。教师、小组成员也可以将优秀的作品发到平台，进行网络评选，点赞与评论，激发学生的写作兴趣。

【教学效果】

教学后，通过学乐云反馈的数据和学生导学案的批改，我发现班内有一小部分同学没有参与评论，七八个学生导学案的完成质量也存在问题，这说明个别学生的参与意识和倾听能力有待加强。在以后的教学过程中，我还需进一步地培养和训练学生的参与意识和倾听能力。从信息平台的数据来看，还有一小部分学生由于各种原因没办法上平台与教师、家长、同学互动，对此，教师要对班级学生使用信息平台的情况做一个调查，我也可以发阅读纸给那些无法用网络的同学。

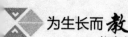
"先学"入手 "后教"下功夫

——《少年闰土》（第二课时）教学案例

广东省汕尾市海丰县鲘门镇中心小学 刘紫微

新课程标准指出：要转变学生的学习方式，倡导以"主动参与，乐于探究，交流与合作"为主要特征的学习方式，让学生在主动、探究、合作学习中成长，努力建设开放而有活力的语文课程，通过语文实践，全面提高学生的语文素养。

而我们所开展的实验课题《信息化环境下小学语文高年级教与学的有效性研究》中的"教"就是指遵循"先学后教"原则，充分发挥教师的指导作用，在学生学得知识的前提下，教师引导他们应用知识，举一反三，正相迁移，掌握方法，形成习惯。"学"是指以学生作为学习的主体，通过学生独立的分析、探索、实践、质疑、创造等方法来学习。我们把网络环境摆在重要位置，研究学法指导和新的学习手段、学习技术，使学生愿学、乐学、会学、善学，学会自醒、自励、自控，增强他们的适应性、选择性、竞争性、合作性和参与性。这与《新课程标准》是一致的。

下面我以《少年闰土》为例，谈谈自己是如何尝试在信息化环境下开展"教"与"学"的有效研究的。

一、有效课堂从"先学"入手

对于如何构建有效的小学高年级语文课堂，首先得做好"先学"工作。小学生受年龄及思维因素的限制，导致其自学能力相对较差。如果我们像往常一样，让学生自己预习，学生往往会欠缺目标，大多会借助《教材全解》《教材1+1》等教辅资料将中心思想、段意、词语含义，甚至文段详解抄写在预习本上。因此，教师在布置课文预习任务时，必须结合学生自身的实际情况，为其准备好预习的导学提纲（即《预习单》），这样才可以让学生根据导学提纲的内容和程序进行有效的预习。比如，明天我们将学习《少年闰土》，我给学生布置的任务是：

◾《预 习 单》◾

一、看到"少年闰土"这一题目，我猜想闰土的形象是：_____。

二、字词预习。（可运用乐教乐学的"学生字""解词义""词语对对碰""形近字区分""多音字辨别"等功能）

1.给下列生字注上拼音，认真拼读三遍，并用心临摹。

扭 胯 厨 猬 套 畜 窜

2.给下列加点的字选择正确的读音。

闰土（rùn yùn）秕谷（bǐ pǐ）束缚（fù fú）竹匾（biǎn piān）

祭祀（sì shì）逃窜（cuàn chuàn）正月（zhèng zhēng）畜生（xù chù）

3.写近义词。

希奇（　　）　　郑重（　　）　　滋润（　　）　　眷恋（　　）

4.写反义词。

熟识（　　）　　伶俐（　　）　　希望（　　）　　浓密（　　）

5.在文中圈出下列词语，理解词语的意思。

胯下　讲究　祭祀　厨房　刺猬　畜生　逃窜　潮汛　伶俐　明晃晃

其间：　　　　无端：　　　　允许：　　　　希奇：

五行：　　　　如许：　　　　素：　　　　仿佛：

单知道：

三、搜集资料：搜集鲁迅的相关资料。

四、课文预习

1.正确朗读课文两遍，读通、读顺课文。标出自然段，本文共有（　　）个自然段。（可运用乐教乐学"课文朗读"功能）

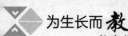

2.再次默读课文，了解课文的主要内容，理清脉络。

主要内容：课文通过"我"的回忆，刻画了一个既聪明又能干的少年——闰土形象，反映了"我"与他儿时短暂而又真挚的友谊，以及对他的怀念之情。

文章脉络：课文以"忆——盼——见——佩——思"为线索，先写_____；接着写_____。重点写了闰土给"我"讲的四件事，最后写两人的分别和友谊。

"我"和闰土第一次见面时，闰土的外貌：_____；从闰土的外貌特点中，可以看出他是_____的少年。

课文记叙了闰土给"我"讲了_____、_____、_____、_____四件事。

读了这篇课文，我感受到（懂得了、发现了）_____。

3.通过预习，你还有哪些需要和老师、同学探究的地方，写在下面。

《预习单》的目标与设计意图如下：六年级的学生经历了五年的语文学习，基本上具备了一定的独立学习能力，因此我在课前安排了以下的预习目标：

（1）学生利用学习平台自学生字，利用工具书理解文中词语。

（2）学生熟读课文，理清文章脉络，弄清闰土给"我"讲了几件事。

（3）学生利用网络，搜索鲁迅的相关材料，初识鲁迅，了解鲁迅先生的文学成就。

学生们通过这种程序性的《预习单》，有效地提高了预习效果，促进了"有效课堂"的建设。在《预习单》的后面，我们设计了相应的评价，如下表，学生有五星的达标评价，有家长的评价、同伴的评价，还有教师的评价，累计获得5颗星，就在班级优化大师的量化评比中加1分。这样的做法不仅充分培养了学生们自主学习、独立思考的能力，而且通过多元评价还激发了学生的学习兴趣。

《预习单》达标评价表

达标要求	家长的评价	小组的评价	小组展示时教师的评价
我会正确地读写本课生字	☆ ☆ ☆	☆ ☆ ☆	☆ ☆ ☆
我会理解《预习单》中的词语	☆ ☆ ☆	☆ ☆ ☆	☆ ☆ ☆
我会准确、流利、有感悟地朗读课文	☆ ☆ ☆	☆ ☆ ☆	☆ ☆ ☆
我能独立理解课文的主要内容	☆ ☆ ☆	☆ ☆ ☆	☆ ☆ ☆
我能通过阅读，弄清文章的思路	☆ ☆ ☆	☆ ☆ ☆	☆ ☆ ☆
我初识了鲁迅	☆ ☆ ☆	☆ ☆ ☆	☆ ☆ ☆
合计： ☆ 家长签名： 小组长签名：			

二、有效课堂从"后教"下功夫

完成"先学"工作后，就要开展"后教"工作，而这方面的工作主要是针对教师来说的。作为教师的我们，在教学的过程中，一定不能为了教学而教学，要从学生的角度出发，有针对性地进行教学，不能盲目地开展教学工作，这样不仅不会促进"有效课堂"的建设，反而会使教育教学的中心目的受到严重影响。

课中教师的"教"要因课前的"学"而定。在《少年闰土》第一课时中，我主要以小组交流、展示内容为主。学生通过教师布置的预习任务，对其中的生字、词已经有了很好的掌握。所以，第一课时的课堂教学中，就无须花费太多时间在这些方面，我将重点放在鲁迅相关资料的交流、文章主要内容、脉络层次、事件上，并对学生遇到的问题进行引导解决，让学生能够最终明白文章的主旨含义及中心思想。

小学语文课堂上的"教"应该是"教语文"，侧重语文知识、语文方法、语文技能的教学，强调语言文字的运用实践。所以，第二课时在第一课时感知文本主旨的基础上，我充分挖掘教材中"以事写人""详写与略写"这两个语言文字的训练点，强化对学生的语言文字训练，培养学生的语言文字运用实践能力。这个课时我设定了两个教学目标：说闰土，体会以事写人；练表达，学习详写与略写，着力于两个训练点。具体过程如下：

（1）说说闰土是一个什么样的人。表达的格式如下：先总说闰土的特点，再从课文中寻找相关材料印证自己的观点。这样，学生不仅感悟到闰土的形

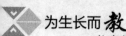
象，而且练习了先总后分、有理有据地表述自己观点的方式，从而感悟到以典型事例表现人物特点的方法。

（2）比较"看瓜刺猹"和"海边拾贝"两个片段。学生通过观察，发现作者用对话的方法把"看瓜刺猹"写得详细具体，然后要求学生依照这种方法将"海边拾贝"这个故事写详细具体，并提示学生在写对话时可以写上提示语描写人物的动作、神态。这样，学生很快就学会了如何把事情写具体，效果立竿见影。学生在写时，教师可以巡视，也可以利用希沃白板的授课助手将学生写好的片段实时传到教学白板，让学生赏析、评价，教师点评、优化，这样效果就更好了。

由此可见，信息化环境下小学语文高年级要构建教与学的有效课堂，首先必须从课前有程序性的"先学"入手，课中的"教"更要下功夫，要以教材文本为依托，就地取材，抓关键点，突出对学生语言文字的运用实践训练，促进学生语文方法、语文技能的形成，从而达到教学相长的目的。

导中学　读中悟

——《珍珠鸟》教学案例

广东省汕尾市海丰县海城镇中心小学　马丽红

【教材分析】

本文是一篇描写生动、富有诗情画意的状物散文。文章以细腻亲切的语言写出了小鸟由"怕"人到"信赖"人的变化过程，精心勾勒出了小珍珠鸟的形象，谱写了一曲人与动物之间的爱的颂歌，表达了"无论是人与鸟，还是人与人之间，都需要真诚的信赖。信赖，是创造美好境界的基础"的思想内涵。

【教学目标】

（1）正确、流利、有感情地朗读课文。

（2）读懂课文，理解课文最后一句话的含义，体会作者的思想感情。领悟信赖是人与动物和谐相处的基础，激发学生爱护动物、善待生命的情感。

（3）继续练习用比较快的速度默读课文，提高默读能力。

【教学重点】

引导学生体会作者对鸟真诚、细腻的爱，认识珍珠鸟在"我"的照料和呵护下由害怕到亲近再到信赖的变化过程。

【教学难点】

理解"信赖，往往创造出美好的境界"这句话的内涵，明白文中揭示的道理。

【教学准备】

学生预习要求：完成《导学案》中《预习单》内容。

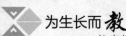
1. 熟读课文，为每个自然段标上序号；本文共有（　　）个自然段。

2. 查字典弄懂"垂蔓、斑斑驳驳、生意葱茏、啾啾、细腻、索性、眼睑、眸子、流泻、信赖"等词语的意思。

3. 浏览阅读提示，给每个问题标上序号，并试着思考回答。

4. 搜集资料：上网或者查询有关资料，了解作者冯骥才及其有关作品。

教师教学准备：多媒体课件。

教学环境设计与布置：需要四人小组合作交流。

【教学过程】

（一）简介作者，导入新课

（1）板书课题，齐读课题。

（2）学生交流课前搜集的有关冯骥才的资料。

（3）教师补充相关资料。

PPT出示：

> 冯骥才是当代著名作家、文学家、艺术家。原籍浙江慈溪，生于天津。著有《冯骥才中短篇小说集》《冯骥才小说集》《冯骥才选集》等。短篇小说《雕花烟斗》、中篇小说《神鞭》，分别获得全国优秀短篇、优秀中篇小说奖。其部分作品已被译成英、法、德、日、俄等文字在国外出版。

（4）这节课我们共同来学习冯骥才笔下的这篇文章——《珍珠鸟》。

（二）细品画面，初步感悟"信赖"

（1）欣赏插图，看图说话。

（2）出示插图：请同学们仔细观察课文中的这幅插图，看看图中画了什么场景。

（三）细品画面，初步感悟"信赖"

（1）出示课文插图，让学生描述图中的场景。

（2）教师引导学生抓住人物的神态、动作，发挥想象，把插图说得更详细。

（3）品读第13自然段，初步感悟"信赖"。

①学生快速浏览课文，找出描写插图的段落。

②根据学生回答，相机出示第13自然段。

③学生自由朗读，并说说读懂了什么。

④指名交流，扣住"趴""好熟""咂嘴""做梦"体会珍珠鸟和作者

之间亲近的情谊，感悟"信赖"带来的甜美、幸福，相机指导学生语段的朗读。

（4）联系实际，初步感悟"信赖"。

多么美好的画面！多么亲近的情谊！生活中你遇到过这样的场景吗？有小鸟趴在过你的肩上吗？为什么？

学生谈自己的生活经验。

（三）紧承"信赖"，整体感知

（1）过渡：为什么天性胆小怕人的珍珠鸟和作者如此亲近，对作者如此信赖？文章中写了作者和珍珠鸟之间发生的什么故事？

（2）四人小组合作完成《导学案》中《探究单》的第一题：用简洁的语言概括文章的主要内容。

（3）全班交流反馈。

（四）探究缘由，感悟"境界"

（1）过渡：作者冯骥才是怎样用细腻精美的语言写下和珍珠鸟的故事的呢？让我们来细细品读课文。

（2）PPT出示学习要求：

> 自由朗读课文，想想"我"是怎样照料珍珠鸟的？珍珠鸟在"我"的照料和呵护下有了哪些变化？圈画出印象深刻的词句，并在旁边写上批注。

（3）学生自由朗读课文，边读边圈画词句，并在旁边写上批注。

（教师巡视指导，相机点拨指导）

（4）指名学生回答：学生针对自己印象深刻的词句谈感受。

（5）学生反馈，教师相机点拨、板书，再利用思维导图帮助学生理解小珍珠鸟对"我"感情的变化过程。

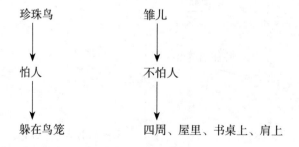

（6）学生完成《导学案》《探究单》的第二题。

想象写话：如果你就是这只小珍珠鸟，你会对主人说些什么话呢？

（五）再品画面，拓展延伸

（1）多么亲近的情谊啊！多么美好的境界呀！（板书"美好的境界"）读到这里，你认为是什么创造出这个美好的境界呢？PPT出示：

信赖，往往创造出美好的境界。

（2）想想这句话该怎么读？请抓住重点配乐朗读。

（3）完成《导学案》《探究单》的第三题：学生联系上下文、联系生活，谈谈自己对这句话的理解。（根据学生的回答，教师相机板书"依赖，往往创造出美好的境界"）

（4）播放人与动物和谐相处的画面，教师配乐深情描述一幅幅动人的画面，升华情感。

同学们，如果人与动物之间、人与人之间、人与社会之间，甚至国家与国家之间，都能够互相信赖、互相关爱、互相帮助，那么这个世界该是多么美好啊！而这个美好的境界，需要我们所有的人去共同创造、共同维护。

（六）布置作业

（1）课后小练笔：写写你与熟悉的小动物之间的故事。

（2）完成《导学案》中的其他习题。

板书设计

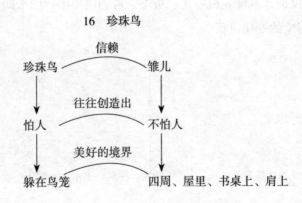

16 珍珠鸟

信赖

珍珠鸟 —————— 雏儿

往往创造出

怕人   不怕人

美好的境界

躲在鸟笼   四周、屋里、书桌上、肩上

教学反思

《珍珠鸟》是人教版六年制小学语文第九册第四组教材的一篇略读课文。在教学中，我让学生紧紧围绕《导学案》中《探究单》上的三个问题展开了与文本的对话。第一个问题：用简洁的语言概括文章的主要内容。这既是年段的教学目标，也是本课的教学目标，学生通过四人小组合作学习，初步体会作者对鸟真诚、无微不至的爱，感受珍珠鸟在"我"的照料和呵护下从害怕到亲近再到信赖的变化过程。紧接着我引导学生深入走进本文，通过做批注的方法研读重点词句，教师相机引导多种形式的朗诵，达到以读促情，以情促悟，让学生从中感悟作者的思想感情，体会课文中不同的表达方法。

在此基础上，我让学生完成《探究单》中的第二题："假如你就是这只小珍珠鸟，你会对主人说些什么话呢？"通过角色换位，引导学生想象写话。学生一个个真情流露，深情表达："主人，谢谢您给了我一个温暖的家。""主人，您就像我的爸爸一样无微不至地照顾我，我觉得自己是世界上最幸福的小鸟。""主人，您任由我在屋子里嬉戏玩耍，您宠着我，爱着我，您真好。我要永远和你在一起。"……一句句真诚质朴的话语再一次让学生真切地感受到了作者对珍珠鸟真诚、无微不至的爱及珍珠鸟对作者的"信赖"，激活了学生丰富的情感体验。

最后一个教学环节完成《导学案》第三个问题：让学生联系上下文、联系生活实际谈谈对"信赖，往往创造出美好的境界"这句话的理解。由于对文本有了深入的理解，水到渠成，学生们一个个畅所欲言。有的学生谈道："动物也是有灵性的，我们要像作者一样善待动物，和动物做好朋友。"也有学生谈道："人与动物之间、人与人之间、国家与国家之间都应该和谐相处，应该相互尊重、相互信赖，不能以强凌弱。"更有学生表示愿意用自己真诚的心、用自己的实际行动去创造美好的境界……学生们的感受是多么可贵！他们在短短的一节课中，已从感性的认识上升到理性的思考。他们在短短的四十分钟，已在和文本、作者的对话中提高了道德的认识。

本节课，我根据略读课的特点，精心设计了《〈珍珠鸟〉导学案》，放手让学生通过《导学案》中的《预习单》完成与文本的初步对话，借助《导学案》中《探究单》设置的问题展开了教学，这样既体现了教师导的作用，又充

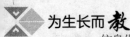
分发挥了学生学的主体地位，学习效率高。当然教学中也存在一些不足，比如学生讨论的时间较为仓促，学生在想象写话时大多以表达感激之情为主，教师对于学生发散思维的引导还有所欠缺。

[发表在《速读》杂志2017年9月上旬刊（国内统一刊号：CN42_1841/I）]

提高学生参与度 打造语文活力课堂

——《山中访友》教学案例

广东省汕尾市海丰县海城镇城西小学 郑燕山

【教材分析】

本文出自著名诗人、散文家李汉荣先生之手，是他发表于1995年第三期《散文》杂志的一篇佳作。这是一篇构思新奇、富有想象力、充满好奇心的散文。作者"带着满怀的好心情"，走进山林，探访山中的"朋友"，与"朋友"互诉心声，营造出了一个如诗如画的世界，表达了作者对大自然的热爱之情。

【教学目标】

（1）有感情地朗读课文，背诵自己喜欢的部分。

（2）感受作者所描写的境界，培养学生热爱自然、亲近自然的美好情感。

（3）学习作者运用比喻、拟人、排比、想象等手法来表达感情的方法。

【教学重点】

（1）通过感受作者描绘的境界，体会他一路上的好心情，培养学生热爱自然、亲近自然的美好情感。

（2）学习作者通过比喻、拟人、排比、想象来表达情感的方法，并积累语言。

【教学难点】

感受作者对山里"朋友"的那份深厚感情，并体会作者表达情感的方法。

【教学准备】

学生预习要求：完成《导学案》中《预习单》内容。

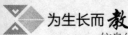

> 1.熟读课文，为每个自然段标上序号；本文共有（　　）个自然段。
>
> 2.初读课文，读准音，画出你认为优美的词语。
>
> 3.再次默读课文，了解课文的主要内容："山中访友"的"访"是什么意思？他在山中访问了哪些朋友？
>
> 4.搜集作者李汉荣的相关资料。
>
> 5.收集大自然的有关图片。
>
> 6.写下需要和老师、同学交流的疑惑。

教师教学准备：多媒体课件。

教学环境设计与布置：需要四人小组合作交流。

【教学过程】

（一）游戏导入，揭示课题

和学生玩古诗接龙的游戏，再一起背诵一些写山的诗句。

出示课题《山中访友》，学生读题，理解"访"的意思。

文章的作者要探访的朋友到底是谁呢？他在山中访问了哪些朋友？（学生交流课前预习所得，并上台板书：古桥、鸟儿、露珠、树、山泉、溪流、瀑布、悬崖、白云、云雀、落花、落叶等。）

（二）自主学习，合作探究

（1）小组选择喜欢的方式朗读课文，品味语言的精妙。

（2）精读课文，感悟深情。（PPT出示学习要求）

> 小组合作完成：朗读课文，画出有感触的词或句子，边读边思考：从哪些描写中可以看出"我"和山里的"朋友"有着深厚的感情？并在旁边写上批注。

（3）学生自由朗读课文，边读边圈画词句，并在旁边写上批注。

（4）小组讨论，教师巡视指导，相机点拨指导。

（5）指名学生回答：学生针对自己印象深刻的词句谈感受。教师相机点拨，引导学生体会作者运用比喻、拟人、排比等手法，生动地表达自己对山中"朋友"感情的方法。

（三）学习课文第5自然段

（1）小组选择喜欢的方式朗读这一自然段。

（2）谈发现：这段话运用了哪些表达方式？（如排比句式、第二人称写法、拟人化手法）

（3）想象写话：你能仿照上面这一段话，也来跟山中其他朋友打打招呼吗?

（4）小组展示。

（5）练习背诵。

（四）拓展延伸

（1）你能说出几个与大自然有关的词语吗?

（2）练习背诵《导学案》中的词语和诗句积累。

> 风和日丽　湖光山色　草长莺飞　山清水秀　莺歌燕舞　花红柳绿
> 鸟语花香　和风细雨　电闪雷鸣　飞瀑流泉　绿草如茵　艳阳高照
>
> **鸟鸣涧**
> ［唐］王维
> 人闲桂花落，夜静春山空。
> 月出惊山鸟，时鸣春涧中。

（五）布置作业

（1）完成《导学案》中的其他习题。

（2）背诵自己喜欢的段落，积累文中的好词好句。

（3）文中"我"与山里"朋友"有着深厚的情感，你是否也有过类似的体验? 与同学先交流，再写下来。注意写的时候应用上本课所学的一些表达情感的方法，如第二人称写法、联想、排比等。

板书设计

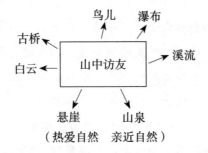

教学反思

《语文新课程标准》指出：语文教学要注重语言的积累、感悟和运用，注重基本技能的训练，给学生打下扎实的语文基础。本文是一篇难得的好文章，作者李汉荣用丰富生动的语言描绘了大自然唯美的画面。如何引导学生感受本

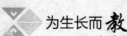

文语言的精妙，并学习和活用作者采用的表现手法？如何让学生自主地去品读，去探究，去收获？笔者在教学中做到了以下几点：

1. 重视朗读能力的培养

作者文笔生动活泼，根据文章表达的需要，巧妙地变换着叙述人称，有时用第三人称叙述，有时又选择了第二人称。同时，作者还采用了比喻、拟人、排比等手法。为了让学生感受本文语言的无穷魅力，笔者让学生反复地朗读，而且让学生自由选择喜欢的方式来读。学生中有的小组齐读，有的选择了喜欢的片段来读，有的小组进行了组员赛读，其形式多种多样，学生朗读兴趣被充分地激发。如何读出韵味？笔者不时地发问："这句该怎么读？这里该怎么读？"就第5自然段，作者以第二人称和山中的朋友打招呼，在笔者的引导下，学生想象作者描绘出的情境，以轻松愉快的语调朗读，以读促悟，达到了预设的教学效果。

2. 注重合作交流能力的培养

小学语文教学应该在学生与文本、学生与学生、学生与老师平等对话的过程中进行。在这节课中，笔者让学生四人为一学习小组，带着不同的问题合作交流。让学生画出感触较深的句子和自己喜欢的句子，写批注，再和小组成员交流自己的读书感悟。学生在仔细品读中，渐渐融入了作者所描绘的"童话般的世界"，从字里行间真切地感受到了作者眼中的大自然，感受到了作者对大自然的深情。再者，笔者让学生以小组为单位仿写第5自然段，也跟山中其他朋友打打招呼。汇报展示时，每个小组都配合得很好，很多小组采用了一人一句的方式与大自然的一切套着近乎。"你好，淘气的小白兔，你蹦蹦跳跳，是要与我一起赛跑吗？""你好，调皮的蒲公英，你舞动着柔软的身躯，是邀我一起起舞吗？""你好，不知名的野花儿，你绽放的笑容多么美丽。""你好，默默无闻的小草，你挺拔的身躯，让森林更加翠绿，变得更加有活力。"……学生在轻松愉悦的学习中，其合作交流的能力也得到了进一步的提高。

教无定法，但只要从学生的角度去把握教学，用心设计每一节课，便能打造出更具生机活力的语文课堂。

以《导学案》为载体　让课堂真正有效

——《用心灵去倾听》教学案例

广东省汕尾市海丰县海城镇城西小学　郑燕山

【教材分析】

本文是人教版六年级上册的一篇略读课文，来源于西班牙的《都市生活报》，我国《参考消息》也翻译并刊登了本文。文章采用了儿童的视角观察事物，选取了"我"与问讯处工作人员苏珊交往过程中的一些平凡的琐事，赞美了苏珊用心灵倾听孩子的心声、用爱心帮助孩子的善良品质。本文语言朴实自然，生动感人，字字句句都体现了"我"对苏珊的深切怀念之情。

【教学目标】

（1）正确、流利、有感情地朗读课文。

（2）能够运用自己掌握的读书方法，深入理解课文内容。了解"我"和苏珊的交往过程，感受我们之间的真情。懂得用心灵去倾听能给人带来快乐与幸福的道理。

（3）感受真情的美好，在生活中学会关爱他人。

【教学重点】

了解"我"和苏珊的交往过程，体会"我"对苏珊的深切怀念之情。

【教学难点】

领会文章的写作手法，体会关键词句在表情达意方面的作用。

【教学准备】

学生完成《导学案》中"课前预习"的内容。

1.熟读课文，为每个自然段标上序号；本文共有（　　　）个自然段。

2.查字典弄懂"着迷 密语 谋面 倾听 修理 无所不知 兴高采烈 水槽"等词语的意思。

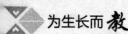

3.浏览阅读提示，给每个问题标上序号，并试着思考回答。

4.搜集资料：上网或者查询有关资料，了解"问讯处"的有关信息。

5.认真读了课文，我还有以下几点疑问：

_____

_____

【教学课时】

一课时。

【教学过程】

（一）揭题解题，激发兴趣

（1）出示课题，学生齐读课题。

（2）通过课前的预习，你能说说你对课题的理解吗？

（3）指名说说在预习的过程中你了解了哪些课文内容？还有哪些疑问？

评析：叶圣陶老师说过：预习原是很通行，但要收到实效，方法必须切实。的确，以往教师只布置学生预习，却没有给出具体的预习方案，学生也只是茫然地读读课文，就算完成了任务。《导学案》中的课前《预习单》是教师根据学情而设计的，等于是给学生接下来的学习做了铺垫，指了路子。从学生的回答中，我们发现学生已经在课前熟读了课文，初步了解了课文内容，有的甚至能说出自己独到的见解。一些学生提出的疑问，也即刻被其他同学解决。由此可见，有目的性地预习，效果更佳。

（二）学习课文，质疑解疑

过渡：课文苏珊给了"我"哪些帮助呢？文中哪些地方使你感动呢？

（1）（出示PPT）小组合作交流，完成合作《探究单》中的第一、二题。

1.自由朗读课文，简单说说苏珊给了小时候的"我"哪些帮助？

2.课文中的哪些内容感动了你？请默读全文，用"___"画出感动你的句子，再写下批注，和大家交流自己的理解和感受。

_____

3.读了这篇课文，你想对苏珊说些什么？

_____

（2）小组汇报、展示学习成果。

（3）教师根据学生的汇报，引导学生抓住描写人物言行、心理活动的语句感受苏珊用心灵倾听孩子的心声、用爱心帮助孩子的善良品质。

评析：《语文新课程标准》指出：语文课程必须根据学生身心发展和语文学习的特点，关注学生的个性差异和不同的学习需要，爱护学生的好奇心、求知欲，充分激发学生的主动意识和进取精神，倡导自主、合作、探究的学习方式。这一环节，我让学生以小组为单位，在小组长的带领下共同交流，然后以小组竞赛的方式进行汇报展示。课堂上，学生学习兴致高昂，他们在合作交流中互相学习、共同进步；他们在汇报时，侃侃而谈。尤其是"你想对苏珊说什么"，许多学生都饱含深情、情真意切。相信许多学生已经在反复研读中，从字里行间感受到了苏珊用心灵倾听孩子心声的美好，感受到了作者对苏珊母亲般深厚的感情。很多时候，我们总担心学生不会，所以对知识点的渗透面面俱到。其实教师适当地引导，让学生学会参与、学会思考、学会交流、学会互动，让学生主动地去获取知识，这样的课堂才真正是高效的，因为学生学得轻松，教师也教得轻松。

（三）总结深化

（1）同学们，一根电话线让作者和苏珊心灵相通，一根电话线让我们感受到了苏珊美好的心灵。现在让我们阅读《导学案》"拓展延伸"中的短文。

拓展延伸：

他要感谢那只手

感恩节的前夕，美国芝加哥的一家报纸编辑部向一位小学女教师约稿，希望得到一些家境贫寒的孩子画的图画，图画的内容是：他想感谢的东西。

孩子们高兴地在白纸上描画起来。女教师猜想这些贫民区的孩子们想要感谢的东西是很少的，可能大多数孩子会画餐桌上的火鸡或冰激凌等。

当小道格拉斯交上他的画时，她吃了一惊，他画的是一只手。

是谁的手？这个抽象的表现使她迷惑不解，孩子们也纷纷猜测。一个说："这准是上帝的手。"另一个说："是农夫的手，因为农夫喂了火鸡。"

女教师走到小道格拉斯 —— 一个皮肤棕黑色、又瘦又小、头发卷曲的孩子桌前，弯腰低头问他："能告诉我你画的是谁的手吗？"

"这是你的手，老师。"孩子小声答道。

她回想起来了，在放学后，她常常拉着他黏糊糊的小手，送这个孩子走一段。他家很穷，父亲常喝酒，母亲体弱多病，没有工作，小道格拉斯破旧的衣服总是脏兮兮的。当然，她也常拉别的孩子的手。可这只老师的手对小道格拉斯有非凡的意义，他要感谢这只手。

我们每个人都有要感谢的，其中不仅有物质上的给予，还有精神上的支持，诸如得到了自信和机会。对很多给予者来说，也许，这种给予是微不足道的，它的作用却难以估计。因此，我们每个人都应尽自己的所能，给予别人。

思考：为什么"可这只老师的手对小道格拉斯却有非凡的意义"？

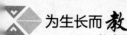
（2）交流读后感受。

（3）生活中你是否也有过如此美好的经历？可否与我们一起分享？（学生上台分享）

（4）师小结：同学们，学习了这篇课文，让我们用爱心去对待生活，让爱在我们的心灵深处扎根！

评析：《新课程标准》强调，要充分调动学生的积极性，给予学生更多的发展和表达的机会，教学时要发扬民主，还课堂给学生。这一环节，教师先让学生阅读"拓展延伸"中的短文（《导学案》中每篇课文都安排了一篇与之内容、情感、主题相似的短文，以此加深学生对同类文章的理解和感悟，扩大阅读，积累知识，掌握学法），再次感受关爱的温暖；再让学生上台分享自己美好的经历，使学生的主体地位得以凸显，而且深化了主题，使学生的情感再次得到熏陶。

（四）达标检测

一、把正确的读音填在括号里

　　　　　　zhāo　　zháo　　zhe　　zhuó

我按照苏珊的话去做，打开冰箱，够着（　　）了冰块，沉着(　　)地把冰块倒进水槽里，拿起一块放在受伤的手上敷着（　　），手指立刻不疼了，苏珊支的这一着（　　）儿真管用。

二、仿写

爱心是一片冬日的阳光，使饥寒交迫的人感到人间的温暖。

爱心是_____，_____。

三、理解句子，完成练习

（1）"小精灵总是耐心地回答我的问题，一遍遍地向我解释。"从"耐心"和"一遍遍"两个词语我们可以感受到_____。

（2）"你知道吗，这只可爱的小鸟，它要到另一个世界去歌唱。"从这个句子中，我们可以感受到苏珊_____的品质。

评析：心理学研究表明：人对事物都有一个期待期，等过了期待期就失去了发自内心的好奇和向往，变得熟视无睹，漫不经心。所以，让学生及时地了解自己的学习结果，对学生会产生相当大的激励作用。一份好的《导学案》，合理的问题设计能引导学生更好地学习，一份合理的检测习题能让学生再一次巩固所学的知识，也能让教师了解学生是否对知识进行了吸收、消化，学生的思维能力是否得以训练，然后能有针对性地调整教学节奏，更好地引导学生学。教师有效地利用了接近下课的几分钟，通过教师评价、生生互评的方式，及时反馈了学生在课堂上的学习效果。这一环节，既达到了知识课内解决，又减轻了学生的课业负担。

板书设计

用心灵去倾听

倾听诉说

排除恐惧

获得依靠

永远怀念

省课题优秀论文集

　　语文课程作为一门义务阶段开设的基础性学科，其学科内容蕴含着基础的语言元素和厚重的人文底蕴，是学生学习其他学科的基础。我们以此为契机，省课题优秀论文集应运而生。像"作为以《导学案》为抓手，实施小学语文高年级'先学后教'的模式""浅析信息化背景下小学语文高年级'教与学'模式的有效性"等论文，旨在通过相关研究，改进其教学方式，有效激发学生的学习兴趣，努力为学生创造环境，培养学生敢问、乐问、善问的好习惯，让学生成为课堂的主人，感受到成功的喜悦。

成长记录（理论）

◆ 擎师德之旗　圆杏坛之梦 ◆

广东省汕尾市海丰县海城镇中心小学　屈小玲

　　为什么我的眼里常含眼泪，因为我对这片土地爱得深沉！

——题记

　　小时候，老师在我眼里是最了不起的人。那三尺讲台，是那样神圣，老师的形象是那样高大！初一的班主任谢老师说："教师，是太阳底下最光辉的职业！"于是，长大了当一名老师的梦想，便在我心里扎下了根。

　　光阴荏苒，一晃数年，我站到了陆安师范的校门前。班主任的第一堂课，给我们诠释了"师范"的内涵——"学高为师，身正为范"，青涩的少年，第一次了解了教师的神圣使命。

当我真正踏上讲台，听到一声声清脆的"老师好"的问候，看到一双双渴求甘霖的清澈眼睛、一张张天真烂漫的笑脸，还有一颗颗等待塑造的无邪的心灵时，我才更深地感受到了教师肩上沉甸甸的责任。二十几年教学生涯的历练，当年的新老师已成"老"教师，碰过壁，流过泪，带过全校最头疼的"差"班，更带过一批批优秀的小学毕业生……多年的教学实践让我懂得了"治学德为先"的道理，我宛若舞者般在教育的舞台上起舞，寻找理想的教育天堂，圆幼时种下的杏坛之梦……

一、安于平凡，乐于奉献

"爱岗敬业，无私奉献"是师德的核心内容。这就要求老师能够坚守一方净土，执着一份恬淡，在平凡的事业里播种不平凡的理想和未来。已经有二十四年教龄的我，银行里的月工资仅仅有3050元，对名牌服饰只能望洋兴叹，每天过日子也只能精打细算。有一次学期结束后的寒假，在与深圳任教的同学说起了工作，我在学校担任六年级语文科老师兼班主任、年级级长、语文科组长工作，说起考试第一名的教学奖励只有30元时，我们都默然了。

然而，当春节时一群群孩子涌进我家来看望我，有的和同学三三两两，有的带着自己的女朋友来认家门，有的甚至带着自己的老婆孩子来给老师拜年时，那些不快也随之抛到了九霄云外。想想在我童年时期遇到的老师，领着几十块的工资，在简陋的教室里给我们传授知识；拉着二胡，教我们唱《我爱北京天安门》；带着我们在操场上玩"老鹰捉小鸡的游戏"……就是现在跟自己同校的老教师，虽然他们已经接近退休年龄，不也和我们一样埋头于堆积如山的作业里，培养了一批批祖国的花朵！是的，教师是清贫的，然"茶之幽香，始源于苦"，我们平凡的生命，只有在奉献中才能得到升华。前辈们的奉献成就了今天的我们，我们今天的奉献将成就祖国的未来。

二、身正令行，立人立德

刚刚毕业的我，总是苦于孩子不听话，甚至常常对调皮捣蛋的学生无可奈何。当时的马小红校长亲切地告诉我："说一百遍不要随地乱丢垃圾，不如弯弯腰捡起学生扔的废纸。"我顿悟：身教胜于言传，果然不错！孔子云："其

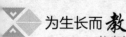

身正，不令而行；其身不正，虽令不从。"老师素来是学生模仿的对象，当你把头发斜斜地梳一侧，女孩子们也会把头发斜梳；当你在手腕上系红绳编的手环，学生中便也流行起编手环……要求学生扎好头发，不佩戴首饰，言传效果甚微。而当我规范穿着时，那些屡禁不止的现象便很快销声匿迹。律己方能律人，身正才能令行。

圣人言："立人先立德。"教育，首先是要让孩子"学会做人"，然后才是"学会做事""学会学习""学会与人相处"。因此，在教学中，我把德育放在首位，培养孩子诚实守信、尊老爱幼、热爱公物等良好品德。我深知成绩可以通过"题海"来提高，试卷会渐渐泛黄，而道德则需要漫长的熏陶与培养，"十年树木，百年树人"，只有经过漫长的等待，才会有人间最美的馨香。

三、春风化雨，师爱无言

踏上讲台，才发现自己的眼泪竟是那样的丰富。上《十里长街送总理》时，我动情地与他们诉说周总理生前的故事，以至于落泪哽咽；孩子犯了错，我看着他坚决不承认错误时的倔强神情，伤心落泪；孩子不爱学习，面对老师、父母期待的眼神一副无动于衷的样子，我痛心掉泪；孩子获奖了，我嘴上带着笑，眼里含着泪；生病时，看到孩子插到窗口的小花，看到孩子悄悄放在桌上的金嗓子喉片，雾气便盈满双眸……

记不清自己曾在课堂上洒过几次泪，只知道每一次落泪都蕴含着太多的情感，凝聚着太多的付出，收获着太多的童真，让我想忘也忘不了。我在学生身上倾注着春风化雨的关爱和教育，并用爱心感化着童心。

还记得那个满脸傲气的男孩子，那个屡次让我往返于他家与学校之间，那个常常不做作业，经常打架甚至偷家长钱的孩子，让我操碎了心。一次次地上门，家长从放任到感动再到支持，孩子从冷漠到愧疚再到努力，我欣慰的笑里带着泪……为什么我的眼里常含眼泪？因为我对这片土地爱得深沉！

对学生，教师要多一份尊重，少一份指责；多一份理解，少一份埋怨；在润物无声中，给孩子以"德之育"，培养学生的"德之行"。一张张诚挚的笑脸，一双双明净的眼睛，一点点喜人的进步，这是七八十个孩子的梦想在律动，这也是我的杏坛之梦，民族复兴之梦，中国教育之梦！

教育，是根的事业，嫩绿了枝叶，艳丽了花朵，芬芳了果实，茁壮了栋梁。而我，始终扎根于大地，奉献于春秋，圆梦于未来。"摘下我的翅膀，送给你飞翔！"我会努力让学生乘着这双充满希望的翅膀，学好知识，成就好的品格，圆孩子的成才梦，圆自己的杏坛梦，圆中国的教育梦！

·◆ 路漫漫其修远兮　吾将上下而求索！◆·

——汕尾市名师班跟岗培训的研修总结

广东省汕尾市海丰县海城镇中心小学　屈小玲

踏着深秋的脚印，我们汕尾市名师班一行，走进了景仰已久的华师附小校园，跟随广东省特级教师江伟英老师，进行为期两周的跟岗学习。在跟岗学习的过程中，我参加了多式多样的研修活动，有跟岗培训的开班仪式——学员个人简介的PPT；有全校的语文集体教研活动"青蓝工程活动月"工作总结汇报；有特级教师江伟英老师的思维导图作文指导课；有华师附小曾茜、冯露珠、牛嘉鑫老师的教学研讨课；有五位新教师的亮相课；也有学员间的互动讨论，上汇报课。其中既有观念上的洗礼，也有理论上的提高；既有知识上的积淀，也有教学技艺的增长。时光匆匆，留不住时间的脚步，两周的培训就这样结束了。在跟岗培训学习中，我每次都认真地做好研修笔记，回到住处每天坚持写学习日记、读书笔记、教学反思。回顾学习时光，让人感慨万千，收获颇丰。每次研修过后回到自己的住处，我都积极地探寻、思考、反思、总结。这是我们收获丰厚的两周，也是促进我们教学上不断成长的两周。现总结如下：

一、专家的引领，学习中积淀

2014年10月27日至11月10日，我们参加了特级教师江伟英老师的名教师工作室跟岗培训。两周以来，在我们与江老师相处的短暂时间里，她的一言一行不断激起我内心的感应，更激起了我的反思。我深深感到作为一名教师的责任，教师的行为在很大限度上会影响孩子一生，如果我们有不良行为，会直接给孩子的心灵留下深远的影响，甚至会使学生心灵扭曲，人生发生改变。我们的责任就是培养孩子的发散思维，培养孩子学习的方法，让孩子学会学习。在

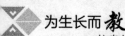
这次跟岗培训中我自己也进行了深刻的自我反思：重新看待职业倦怠，关注孩子的性格特征，注重与孩子心灵的沟通，明确了要改善的方向。江老师的思维导图更带给了我震撼，这种理论和实践的对话在思想上给了我很大的冲击，让我明确了在教学过程中要坚持创新的教育理念，我喜悦地收获着专家们思想的精髓、理论的精华。教育事业之所以富有诗意，就在于它不是一种技术，而是"一个灵魂推动另一个灵魂"的过程，是"一个生命点燃另一个生命"的过程。在这一过程中，个人的体会和思考是不能缺席的，我们要时时追问：教育的目的是什么？什么是好的教育？我们究竟为什么而教？

二、优秀教师的示范课，完善教育理念

在跟岗培训过程中，我们观摩了很多优秀老师的示范课，如曾茜老师的《北京》、冯露珠老师的《坐井观天》、牛嘉鑫老师的《落花生》三节教学研讨课，让我知道了所谓的有效教学就是要根据学生实际制定出明确的教学目标，注重教学中的细节，调动学生参与教学的积极性，培养学生的创新意识。从这里我深深地感受到只有教材钻研得深入，获得的知识才会更多，学生的收获才会更大，这样的教学效果才会更好。五位新教师的亮相课，更让我大开眼界，从华师附小教研的氛围中我感受到了年轻老师的活力与激情，以及孩子们的主动与热情。老师们在授课的过程中注重培养学生良好的行为习惯、学习习惯，以及注重培养孩子在阅读的过程中拥有良好的听说、读、写能力。虽然老师们的教学风格迥异，在教学上采用了不同的学习方式，但都调动了学生的学习兴趣，收到了很好的教学效果。我们感受到了老师们扎实的教学基本功，学生在这样优秀的老师的指引下素质得到了全面提升。通过这些观摩课，我对教育教学观念有了新的认识，并重新审视和剖析了我自己的教育教学观及学生观、知识观、课程观，对"课堂学习"有了一个更新更高的理解。让我知道了自己今后的学习方向，感受到了提升自身的理论水平与知识功底的紧迫性。

三、理论与实践相结合，不断提升自己

江老师除了指导我们听课、评课之外，还给了我们一个特殊的任务，到韶关市武江区金福园小学送课。我接到的教学任务是——讲授毛泽东所写的《七律·长征》，配合武江区金福园小学伍云老师展示同课异构。接到教学任务以

后，我认真地进行了备课。在集体备课的过程中，我也得到了很多的帮助：江老师循循善诱，手把手教我使用思维导图、桥形图；名师班的学员帮我制作课件；小语骨干的黄静臆、林晨两位老师还给我提了很多宝贵意见。最让我感动的是张文娟老师，为了让我把课上得更好，她和我磨课直到半夜一点多……所以说，我的成功跟大家无私的帮助是分不开的。

在这两周的跟岗培训中，无论是专家的讲座，还是每一次的听课学习，或是组内老师的互动研讨、展示、评课，都让我感受着新课程理念的洗礼。我从自身出发不断寻找差距，不断地反思和总结。在每一次组内的交流过程中，我都积极参与交流讨论，聆听感言，交流自己的心得。在每一次的观摩学习中，我的教学理念和教学艺术都会有一次革新和飞跃，让我对教学充满了信心和希望。培训给予我的是新理念、新思想、新方法。回到学校，我一定用培训所获，积极研读新课改方面的教材，努力把理论与实践联系起来。大胆尝试参与式教学，及时记录课堂感悟，认真总结教学经验，继续学习有关新课改方面的知识，做一个新课改浪潮中的"弄潮儿"。我悟出：课堂，不再是老师的天地；讲台，也不再是老师的舞台。自主、合作、探究的课堂学习完全属于这些勇于攀登科学高峰的孩子，老师的角色彻底换位了！我茅塞顿开，感觉浑身注入了新血液。在未来的日子里，我将用自己的智慧，用自己的"一杯水"，去引导学生探寻"一桶水"，探寻那活水源头！ 这次的学习使我明白了许多：教师的成长离不开学习，离不开广博的知识，离不开把握、驾驭课堂的能力，离不开探索、研究的精神；只有通过学习培训，才能不断完善自身的素养，提升自己的专业素养。"路漫漫其修远兮，吾将上下而求索！"虽然跟岗培训已经结束，但是在以后的日子里我将不断学习，为教育事业而奋斗终生！

（2014年11月）

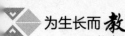

◆· 微笑向阳　乘风飞翔 ·◆

——汕尾市"1212名师工程"第一期"名教师"培训学习成果汇报

广东省汕尾市海丰县海城镇中心小学　屈小玲

在各位领导的亲切关心和大力支持下，我圆满地完成了理论学习、跟岗培训、在岗教学实践的工作任务。现将学习成果汇报如下：

一、导师引领书春秋

在第一、二阶段短短十几天的理论学习中，每一天都是充实而幸福的。耳濡目染的，是不同风格的专家、教授、名师的谆谆教诲。这些精彩讲座，让我经历了一次次的头脑风暴、一次次的心灵感悟，一次次的情感升华。教授们的讲座，视角新颖，思想深邃，语言精妙，思想的火花在这里碰撞，智慧的双眸在这里点亮，"采他山之石以攻玉，纳百家之长以厚己"，从他们身上，我感受到的不只是专业的理论与方法，更多的是他们学而不厌、诲人不倦、治学严谨、执着于事业、奉献于社会、惠及于千秋的高品位的生命形式。

二、聆听花开的声音

当初冬的风羞涩地舞动暮秋的稻穗，我们也喜悦地迎来教育生涯的金秋。2014年11月，我们来自汕尾、惠州、深圳等地的二十多名学员在江伟英名师工作室跟岗学习。我们在收获教育教学理念与技能的同时，也收获了人格与深情。江老师说："每一个孩子都是一朵花，每个孩子的花期都不同，我们要学会等待。"于是，学员们在花样导师的引领下细读春华，静候花开。当为期两周的学习结束，我们破茧成蝶、实现华丽转身时，回望半个月的历程，细细盘点，但觉花香馥郁，沁人心脾。

江老师对教育事业的挚爱，对孩子们的慈爱，对老师的关爱，对教育理想的追求，都融在她的跟岗学习计划里。她的办学理念散发着爱的馨香。跟着江老师享受学习，幸福成长，我似乎听到了理想绽放、生命拔节的声音。

　　在江老师的引领下，通过真实的课堂现场观察，我们感悟着江伟英名师工作室的课堂教育教学艺术，他们广收博纳，吸取甘露，赏尽百花。听课、评课、研课、磨课，我们在"学、问、思、辩、行"中，感受与体验名师的教育思想、教学风格，领悟"关注生命，传承经典，坚守语文，创新发展"的真谛。

　　为了让学员能学习到更多，江伟英名师工作室还安排了送课下乡的活动，我承担了这次的送课任务，并在江老师的悉心指导下把她的课题成果——思维导图引入我的课堂，借助这种可视化思维工具，引领学生体会诗歌的意蕴。非常感谢韶关市武江区的金福园小学同课异构的教研活动为我提供了实践的平台。江老师还特意邀请了华南师范大学况姗芸教授为我们做出了精彩点评。江老师就是借用这样一次思辨的研讨，让我们聚焦课堂，共享精彩。

三、借得东风育奇葩，课堂灵动显成效

　　带着第一、二阶段理论学习的思想冲击和一点思考，携着第三阶段跟岗学习的精神洗礼和一点收获，借得汕尾市1212名师工程"名教师培训"这一东风，我学以致用，并积极投入教学实践中，努力把学到的专业知识转化为实践能力，不断地提高自己的教育科研能力和教学能力，在更广阔的田野中播撒教改的种子。

　　不管是理论学习时教授们提到的"生本"理念，还是跟岗学习时江老师提倡的"关注生命，传承经典"的教育追求，都在我的观念里扎下了根，开阔了我的视野。"教育的本质意味着：一棵树摇动另一棵树，一朵云推动另一朵云，一个灵魂唤醒另一个灵魂。"是的，我们只有从语文学科中感受到生命的优雅与飞扬，品味到人性的丰富和灿烂，语文才能进入我们的生命，我们的生命才会因此而更有力量，更有意义。

　　在教学工作过程中，我更新了教学理念，创新了教学方法，并努力把前面的理论学习和跟岗学习活动中所学到的课堂教学技法应用到我的课堂。在教学中，让课堂成为"让快乐主宰的课堂""学生可以实质性参与教学过程的课堂""先学后教开放的课堂""充满探究意识的课堂""运用思维导图动态生成的课堂"，使教学成为师生积极互动、共同发展的过程。借用多媒体平台创设生动活泼的教学情境，引导学生积极参与学习；设计各种有意义的问题引导学生勤于思考，让学生主动参与到课堂教学中来，做学习的真正主人，使课堂

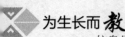

充满生命活力。

跟岗学习回来后，犹如注入一股温暖的春风，我先后为全镇老师上了《七律·长征》的观摩课，并先后为全镇语文教师做了《小学语文"先学后教，当堂训练"模式初探》和《小就是美——语文小课题研究》两场讲座。课堂是如此灵动，孩子是如此快乐。学习，改变了我的课堂，点燃了我进行课改的激情。

四、潜心钻研强素质，科研引领促发展

在岗位实践中，我结合学校的实际、学生的实际，有效地运用参加培训所学的理论、知识、经验、方法，大胆探索，勇于实践，大胆承担了广东省教育科研课题《信息化环境下小学语文教与学的有效性研究》的实验工作。今年3月，汕尾市教研室受广东省科研办的委托，在海丰县陆安中学举行了课题开题仪式，课题实验正式开始时，我们根据小学语文高年级教学开展的活动目标和内容，借助多媒体平台，凭借信息技术的支撑，构建有利于学生自主学习的平台，指导他们在同步课堂或学乐园平台上进行自主学习，从而改变了学生的学习方式和教师的教学方式，提高了学生探究、合作的能力，培养了学生的创新精神，使学生树立了创新意识，形成了创新思维，为学生的"终身学习"奠定了基础。

五、示范引路求辐射，取长补短共成长

作为汕尾市小学语文学科带头人，我有义务带领全镇教师开展校本培训，实施素质教育，推进课程改革，成为青年教师的引路人，帮助他们努力上进。从教学的理念传授到教学方法的使用，我都毫无保留，组织他们认真学习，上观摩课，举办讲座，开展课题实验，让他们思考和反思，甚至对青年教师手把手教学。大家共同提高，共同进步。在我的协作下，我镇有十几个青年教师申报了微型课题。

我经常与青年教师联系，并深入其课堂听课，就课堂当中的问题和教学中的困惑与他们进行探讨。尤其在学校研讨课活动之后，我与他们进行倾心交流，交换教学感受和最新的教学方法，相互学习。座谈交流，使我校教师在听课、评课中得到了实惠，真正达到了共同交流、共同进步的目的。

在教学实践过程中，我深深地体会到作为一名骨干教师必须有扎实的理论

基础、先进的教学理念、娴熟的操作技能、高超的课堂教学及驾驭方法。在培训中充实，在实践中成长，借得汕尾市名教师培训这一东风，培育生命之花，让校园充满葱茏春色。

六、常怀感恩之心

感恩华师

为我指明方向

感恩导师

让我受益匪浅

感恩同学

让我收获温暖与幸福

感恩……

怀着感恩之心，我将继续微笑向阳，乘风飞翔，为汕尾市教育的腾飞贡献我的绵薄之力。谢谢大家！

（2015年7月）

·◆· 采他山之石以攻玉　纳百家之长以厚己 ·◆·

——汕尾市"1212名师工程"培训学习总结

广东省汕尾市海丰县海城镇中心小学　屈小玲

从教二十几载，我渐渐满足于现状，自傲于成绩，束缚于陈规，失去了创新的灵感和欲望，使发展进入了"高原期"，就像处于长跑中的"极限"。带着憧憬，带着提升自我的渴望，我参加了汕尾市"1212名师工程"培训，从刚刚开始的理论学习，到跟岗培训、学习汇报，再到今天的导师回访，我开阔了视野，犹如"病树发新芽，枯木又逢春"，走向了新的教育领域，走出了职业倦怠。我努力在培训中改变现状，实现专业发展的新突破。

教授们言简意赅的讲授把一个磅礴的世界展现在我们的眼前，让我感受到了自己知识的浅薄，在那小小一隅耕耘之地累积起来的自豪和骄傲也不复存

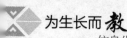

在。"如遇沧海，化归一粟"，思想受到冲击，灵魂得以净化，这次培训促使我开始反思自己的教学生涯，规划自己未来的事业蓝图。

一、做学习型的教师

频繁出现在教授们讲授中的一个词是"终身学习"，大教育家苏霍姆林斯基说过："教师若不读书，若没有在书海中的精神生活，那么提高他的教育技能的一切措施就都失去了意义。"

作为一名教师，我们不仅要读教育教学方面的书，还要博览群书。不读书，如何更加深入地教学，如何能在课堂上与学生进行对话？如何与时俱进地掌握教育教学的技巧？教授们的理论精髓，我只窥得了冰山一角，却是给我敲响了警钟：要给学生一杯水，自己光有一桶水已经远远不够，必须有长流水。"问渠那得清如许，为有源头活水来"，长流之水从何而来？从阅读中来！作为老师，读书可以让我们的生命之树长青，使我们可以从容地站在三尺讲台上播种、耕耘，在滋润学生的同时葱茏自己，不断增加自己的文化底蕴。"爱读书的女人最美丽，爱读书的老师更智慧！"阅读，是精神的洗礼，只要有诗书相伴，便可忘却物质的贫乏。"吾生也有涯，而知也无涯。"生命是有限的，我们虽无法丈量生命的长度，但我们可以拓宽生命的宽度，而阅读，就是对生命的拓展。

二、做研究型的教师

黄牧航教授在他的讲座中说："成为研究型的教师是教师走向专业化的要求。"从事教育研究不仅是教师认识、分析和解决复杂教育问题的需要，是提高教育教学质量的需要，而且是改变教师专业生活方式，实现教师专业成长的必由之路。

科研，对我们来说是一个很高深的话题。记得一位同事，在看了我发给她的关于如何进行教育科研的学习材料后，她说了一句："教育科研让我们望而生畏。"的确，教育科研难，开展起来也总是困难重重，困惑多多。实际上，科研离我们并不远。沈大安说小学语文姓"小"，套用这句话，我想说：小学教育科研姓"小"，教师要抓"小"，抓"实"，化难为易，在教学实践中思考，在思索中践行、总结，更新观念，实现角色转变，通过行动研究、个案研究、教育叙事等形式进行实实在在的研究，在实施新课程的过程中，不断以理论指导教学实践，不断在教学实践中总结经验，进行教学创新，不断地提升自己的教学水平和研究水平，成为一位名副其实的研究型教师。

教育研究的根本目的在于创新，而只有教师的锐意创新，才能培养出具有创新精神的学生。

三、做反思型的教师

"学，然后知不足；教，然后知困。"不少专家都提到了反思的问题。"理论在反思中深化，知识在反思中丰富，方法在反思中修正，风格在反思中形成，机智在反思中生成。"我们常说，课堂是出错的地方，孩子会出错，教师同样会出错，课堂教学本身就是"遗憾的艺术"。我们要不断地学会发问，审视自己的课堂：我的目标设置恰当吗？我的目标达成度有多高？我选取的教学内容符合达成目标的需要或学生的需求吗？我的课是否能促进学生的可持续发展？不断剖析、思考，不断改进并在今后的教学中再实践，再改进，只有这样，我们才能不断地超越和提升自己。

及时地反思，能够帮助自己找出症结所在，获得宝贵的经验、教训，再指导下一步的教学实践，反思——实践——反思，螺旋式上升，不断提高自己的教育教学水平，实现自己的专业成长。

四、做爱心型的教师

没有爱就没有教育。爱学生，爱岗敬业，有责任心，才是一位好老师。对教育事业爱得越深，投入的时间精力越多，为之奉献的决心越大，对教育教学的研究才越执着；关爱每一个学生，尊重其个性，培养其特长，因材施教，让每一个孩子的潜能被充分地激发，我们的教育才能桃李芬芳尽栋梁！

这次导师回访给我带来了很多的感动、很多的思考、很多的收获。导师们对我课例的肯定也坚定了我继续进行课题研究的决心。我深信，用心揣摩教授们的理论精华，在教中学、学中研，未来的教学生涯即便不能如华师之骄阳般耀眼，也定会闪烁星星的启明之光。怀着留恋，怀着感恩，我们即将结束这次培训学习，即将告别可亲可敬的导师们。培训即将结束，但我清楚地知道，我们新一轮的学习又开始了，那就是"岗位实践"。这更是一个长期的学习过

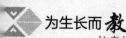
程，在这个长期的学习过程中，我要学以致用，努力把学到的专业知识转化为实践能力，不断地提高自己的教育科研能力和教学能力，并不断地向导师们请教，希望在更广阔的田野中播撒教改的种子。"采他山之石以攻玉，纳百家之长以厚己"，以爱心浇灌、培育美丽的花朵，在静静的流年里聆听花开的声音，为我们汕尾市的教育事业做出自己的贡献。

（2015年10月）

❖ 立德树人　不忘初心 ❖

广东省汕尾市海丰县海城镇中心小学　屈小玲

尊敬的各位领导、各位专家，亲爱的伙伴们：

大家早上好！

作为学员的代表，站在这里发言，我心存感激。感谢华师基础教育培训与研究院和汕尾市教育局给了我一个千载难逢的培训机会。五年的培训时间虽然很长，但给了我们足够的成长沃土。正是这次培训，让我从一名普普通通的老师成长为广东省名教师工作室的主持人。我们汕尾市一共有9名广东省名教师工作室主持人，有5位和我一样，都是这期的学员。在感谢之余，我备感压力！是的，作为汕尾市名教师培养的对象，我们怎样做，做什么，才能对得起这份责任呢？思索之余，我想起了一首赞美竹子的诗歌：

咬定青山不放松，立根原在破岩中。

千磨万击还坚劲，任尔东西南北风。

竹子之所以能以拔节的姿态赢得人们的尊重与喜爱，就是因为它历经了寒冬而不气馁，面对重压而不屈服。因此，我认为，要成为名教师，我们不妨向竹子学习，做到五个"加强"，做一个不忘初心、砥砺前行的汕尾教师。

第一，加强科研引领。名教师要作为当地教师专业发展的领头羊，承担起示范引领的重要任务，履行教育帮困扶贫的社会责任，发挥教育智库的参谋作用。我们必须加强科研意识、强化科研能力，用科学的眼光看待工作，用研究的思路来开展工作。

第二，加强团队建设。"独行快，众行远。"一个人若想成功，要么组建一个团队，要么加入一个团队！在这个瞬息万变的世界里，单打独斗者，路会越走越窄，选择志同道合的伙伴，就是选择了成功。用梦想去组建一个团队，用团队去实现一个梦想。人，因梦想而伟大，因团队而卓越，因感恩而幸福，因学习而改变，因行动而成功。一个人是谁并不重要，重要的是他站在那里的时候，在他身后站着的是一群什么样的人！

第三，加强地域特色。我们要立足汕尾，放眼全国，更要胸怀世界。这样，我们就能在汕尾教育大发展的背景下，发现新的问题，把握新的趋势，采取新的措施，建立新的机制，创造新的辉煌。

过去，我们总是认为自己的文化底蕴不深，办学思想浅薄，办学经验肤浅，总认为满园的春色在江浙、在齐鲁，在经济发达的大城市！是的，他们的确有很多值得我们学习的地方。但是，我们在虚心学习之余，一定要认清自身的优势，要根植于汕尾大地，努力工作，以高度的文化自信和文化自觉，来形成汕尾的特色。记得在山东研修的时候，朱富生主任曾经问过汕尾这个名字是怎么来的。虽然当时的回答不够完美，但我们记住了朱主任的话，作为汕尾的教育人，我们应该有足够的文化自信，我们要打造"汕尾特色文化"，如果总是人云亦云，我们就会找不到正确的方向而摈弃自己的初心。

第四，加强师德建设。《左传》曰："大上有立德，其次有立功，其次有立言，虽久不废，此之谓不朽。"《管子》云："一年之计，莫如树谷，十年之计，莫如树木，终身之计，莫如树人。"立德树人自古以来就是一种强有力的教育力量，它能激发起每个教师的使命感、归属感，从而使他们形成强烈的向心力、凝聚力和群体意识。

第五，加强创新意识。形成特色、示范一方，遵循规律、引领潮流是名教师成功的标志之一。要做到这一点，就一定要加强创新能力的培养，顺应教育改革的方向，勇立潮头，引领教育改革的新潮流。

仰首是春，俯首是秋，栉风沐雨，岁月如歌。我衷心地希望每一位老师都能始终坚守对教育理想的追求，立德树人，不忘初心，当一名幸福的汕尾教师。

谢谢！

（2018年5月8日）

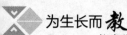

课堂实践（论文）

❖❖ 如何培养学生自主学习、自主探究的能力 ❖❖

——"信息化环境下小学语文高年级教与学的有效性"研究

广东省汕尾市海丰县海城镇中心小学　屈小玲

《新课程标准》倡导自主、合作、探究的学习方式，共同探究，把封闭型的课堂教学模式转向开放型。过去由教师控制的教学模式应该被打破，取而代之的应是师生交往互动、共同发展的教学过程。因而，教师不再是传递、训导、教育，而是更多地去激励、帮助、参谋；师生之间的关系不再是以知识传递为纽带，而是以情感交流为纽带；教师的作用也不再是去填满仓库，而是要点燃火炬。学生学习多是在积极发言中、共同探究中开展的活动。小组讨论、交流，再通过探究的各种优化组合，使学生发挥各自的特长，相互启发研讨，形成思维互补，集思广益。这样有效的沟通，能解决个人思考中尚未解决的疑难问题。同学之间互相讨论交流，互相倾听和沟通，互相尊重和信任，平等竞争和合作，共同享受成果的取得，既培养了学生在学习中学会合作的习惯，提高了学习的效率，又充分体现了学生的合作精神、团体意识。现以《七律·长征》为例，谈谈如何培养学生自主学习、自主探究的能力。

1935年10月，长征即将结束之时，毛泽东回顾长征一年来红军所战胜的无数艰难险阻，满怀着喜悦与豪情，以极其轻松的笔调写下了《七律·长征》这首气壮山河的伟大诗篇。诗文虽然不长，但知识丰富，内容充实。本着学生是课堂的主人、学习是个性化行为的教学理念，本节课，我力求注重学生自主学习、自主探究能力的培养，突出小学高年级语文教与学的有效性。

（1）坚持以学生为学习和发展的主体，培养学生自主学习、自主探究的能力，改变以教师为中心的传统教学模式。从课始到课终，我始终把学生置于主动、自动、互动的平台之上，以展代讲，让学生进行展示、交流、讨论、质疑、补充、纠正等，通过字词讲解、视频解说、思维导图、感情诵读等多种形式，学出层次，读出韵味。整节课学生注意力集中，思维活跃，他们时而各抒己见，时而凝神静听，时而议论纷纷，时而书声琅琅，其间有掌声、有笑声、有赞叹声，大家学得主动，课堂效率极高。

（2）坚持把课堂营造成知识的超市，让学生在知识的海洋中各取所需，收获丰足。课前，我先让学生进行了充分预习，通过收集资料，认真做好《导学案》中的"学案"。课上，我指导学生从七律特点、长征历程、长征故事、诗人简介、生字新词、诗句意思、思想感情、修辞手法、长征诗词等侧面展示、链接再扩展到丰富的知识，使学生们在课堂上像水中的鱼儿一样畅游，在轻松快乐中取得丰富的收获，并激发学生海量阅读的兴趣，增强他们的阅读信心，使"导案"与"学案"达到有效的统一，提高小学高年级语文教与学的有效性。

（3）注重学生感情朗读的指导，让学生在朗读中感受诗歌的魅力，体会红军战士的革命英雄主义和革命乐观主义精神。在指导学生朗读"五岭逶迤腾细浪，乌蒙磅礴走泥丸"时，我先让学生自己寻找哪个词语能体现红军长征的艰难，哪个词语又体现了红军不怕难，充分运用对比的方法，在对比中，帮助学生领悟意蕴，体会情感。接着我出示绵延不绝的五岭山脉和雄伟高大的乌蒙山的图片（借助思维导图），让学生感受到，即使在平常，要翻越这些山岭也是何等的艰难。然后问学生："红军把逶迤的五岭和磅礴的乌蒙山视为什么？你从中感受到了什么？"然后出示泛着微波的小河图和路上有一些小泥球的图（画简笔画），使学生的头脑中形成"五岭逶迤、乌蒙磅礴"和"腾细浪、走泥丸"鲜明对比的画面。再通过教师的引读、学生的品读，让学生读出五岭的绵延不绝、乌蒙的气势磅礴，而"腾细浪""走泥丸"则要求学生读得平淡，从而表现出红军的"不怕难"。从感情朗读的指导中升华学生的情感，突破课文的难点，从而提高小学高年级语文教与学的有效性。

总而言之，培养学生自主探究学习和自主探究精神，要采取一些措施，调动起学生的一切积极因素，尽可能让学生参与到课堂的每一个环节，鼓励学生大胆去尝试。这样，好的学生不但得到了表现自我的机会，对其他同学也是一种促进，从而提高了学习效率，增强了学生自主学习和自主探究的精神。

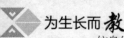

•·· 文章不厌百回改 ··•

——信息化环境下小学高年级习作评改多元化的研究

广东省汕尾市海丰县海城镇中心小学　屈小玲

《小学语文课程标准（2013年版）》中明确指出：小学高年级要"重视引导学生在自我修改和相互修改的过程中提高写作能力"。我工作室成员马丽红老师自2014年开始进行《信息化环境下小学高年级习作有效评改方式的研究》的课题实验，2015年12月，经过海丰县教育科研领导小组办公室评审已经结题。在此基础上，马老师申请了汕尾市教育科学"十三五"规划课题《信息化环境下小学高年级习作评改多元化的研究》，2016年10月，该课题正式立项，目前正在进行中。作为课题实验的指导专家和参与者，我见证了马老师和参与实验的学生们在几年的课题实验过程中付出的辛劳和获得的进步，真正感受到了学生自改、互改作文对提高学生作文能力的帮助，以下是我对这个课题实验的几点粗略看法：

一、改变观念，树立主体意识

一直以来，教师评改学生作文仍沿用"生写师改"这个一元化评改方式：

学生完成习作初稿，便由教师一人加以修改点评。但这种批改模式不能真正触及学生的思想，很多学生对老师费尽心血批改的作文并没有真正领会其意图，他们只是消极被动地接受来自教师的思维定式，对于教师的评改和评语，多数学生并不在意，也毫无创新自主能力。《信息化环境下小学高年级习作评改多元化的研究》是新课程改革理念下一种行之有效的作文批改方式。教师要引导学生通过自改和互改，取长补短，促进彼此相互了解和合作，共同提高写作水平。因此，改变观念，树立主体意识，构建一种适应课改需要的互动式作文评改模式就显得尤为重要。

二、营造良好氛围，激发评改兴趣

好的文章与其说是写出来的，不如说是改出来的。课堂上，马老师经常有意无意地引用古人的故事，引导学生明白习作修改的重要性。比如，学习古诗"春风又绿江南岸"的时候，马老师先让学生找出不同的动词来替代"绿"字，再告诉学生诗人在写诗时曾经多次修改，并巧妙地引导学生体会用"绿"字的好处。让学生明确"改"是习作过程中不可缺少的一个环节，激发学生对评改习作的兴趣。

三、优化训练方式，培养自改、互改能力

单一的评改模式已经不能满足学生评改作文的需要，学生需要"多元化"的评改模式，教师在训练过程中始终把学生当作课堂的"主角"，不仅体现了学生的主体地位，而且提高了课堂实效。

1. 倡导"四看"法自改作文

该模式旨在引导学生学会自改作文。教师利用多媒体投影仪在课堂上出示学生习作，指导学生进行"四看"法自改作文。

第一步看作文是否符合习作要求，中心是否明确，选材是否恰当。

第二步看作文的内容是否具体，条理是否清楚，详略是否得当。

第三步看用词是否准确，句子是否通顺生动。

第四步看文中是否有错别字，标点是否运用恰当。

学生通过一遍遍细读，再利用这种分步修改"四看"法自己修改作文。在自我修改的基础上，教师要适当引导学生将原文与修改后的文章进行对比，体

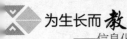

会这样改有什么好处。

2. 家长评改模式

这种模式旨在充分利用家长资源，让家长参与评改学生的习作。

3. 集体评改

这是一种学生集体评改模式。上课时，教师先选择带有普遍性问题的学生习作，再利用实物投影仪进行展示，引导学生共同进行修改。首先引导学生先把习作读一读，看看有哪些地方还没有说清楚，然后引导学生各抒己见，摆优点，评不足，提出修改补充的意见，探索该如何完善示范、指导、撰写评语、激励等各个细节，提高教师评改的质量。这种集体评议的过程实际上就是学生互相启发、互相学习的过程，这样不仅有利于提高学生的认知能力和口头表达能力，而且能让学生学会客观地评价别人的文章。

4. 习作梯级评改模式

这种模式是一种综合式的评改方法：

第一步，教师初步评改学生习作，了解学生习作的大致情况，明确评改的要点、标准及注意事项。

第二步，学生按照教师提出的要求进行自我评改或相互评改。

第三步，教师点评总结评改情况。

第四步，教师向校内外刊物推荐发表优秀作文。

《信息化环境下小学高年级习作评改多元化的研究》依托网络环境，以教师为主导，以学生为主体，以"合作评改"为核心，该模式的实施大大激发了学生修改作文的兴趣、能力和质量，培养了学生互助合作的意识，同时减轻了教师的负担。"文章不厌百回改"，衷心希望这种课改模式能够最大限度地改变"教师怕改作文""学生懒改作文"的局面，能够有效激发学生的写作兴趣，转变学生的写作态度，增强学生的作文评价与鉴赏能力。

参考文献

[1] 中华人民共和国教育部.全日制义务教育语文课程标准（实验稿）[S].北京：北京师范大学出版社，2001.

[2] 魏书生.培养学生评改作文的习惯[J].语文教学通讯，1995（12）.

借助思维可视化工具　引领学生体会诗歌的意蕴

——以《七律·长征》教学为例

广东省汕尾市海丰县海城镇中心小学　屈小玲

一、诗歌教学需要可视化思维工具

诗歌的篇幅虽然短小，但一般都反映了诗人写诗时的心境。如何更好地引导学生体会诗歌的意蕴，一直是诗歌教学的难点，我在引领学生体会诗歌意蕴的探索中，发现诗歌教学需要可视化思维工具，借助可视化思维工具能帮助学生更加形象直观地理解诗意，更加有利于挖掘学生智力的潜能，提升学生的思考技巧，提高学生的记忆力、组织力与创造力。

1. 诗歌的特点

诗歌是高度集中地概括反映社会生活的一种文学体裁，它包含着作者的思想感情与丰富的想象，其语言精练而形象性强，具有鲜明的节奏、和谐的音韵，且富于音乐美，语句一般分行排列，注重结构形式的建筑美。

这首诗，形式上是旧体诗的形式，其内容却是新时期的东西，语言以白话为主，句子短小急促，节奏鲜明，朗读时让人很容易感觉到句子的铿锵有力，富有气势，具有震撼力。集写景、抒情、言志于一体，景中含情，情中有景，景中寓志，志在情中。

2. 可视化思维工具的特点

思维可视化是指运用一系列图示技术把本来不可视的思维（思考方法和思考路径）呈现出来，使其清晰可见的过程。被可视化的"思维"更有利于理解和记忆，因此可以有效地提高信息加工及信息传递的效能。实现"思维可视化"的技术主要包括两类：图示技术（思维导图、模型图、流程图、概念图等）及生成图示的软件技术。英国著名心理学家托尼·巴赞认为思维导图是对发散性思维的表达，因此也是人类思维的自然功能。

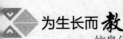
可视化思维工具在小学语文诗歌教学中有很大作用，能大大提高课堂的有效性。思维导图可作为一种知识可视化的工具，在促进小学语文诗歌教学上有以下优势：有利于帮助学生构建清晰的知识网络，挖掘学生的智力潜能，提升思考技巧；提高学生的记忆力、组织力与创造力。

3. 借助可视化思维工具，引领学生体会诗歌的意蕴

1935年10月，长征即将结束之时，毛泽东回顾长征一年来红军所战胜的无数艰难险阻，满怀着喜悦和豪情，以极其轻松的笔调写下了《七律·长征》这首气壮山河的伟大诗篇。诗文虽然不长，但知识丰富，内容充实。由于本诗有着深刻的意蕴，孩子们很难理解其诗意，感悟其诗情。那么，教师如何教好这首诗歌，把学生带入那个久远的年代，深刻体会红军战士的革命英雄主义和革命乐观主义精神呢？我在人教版五年级上册25课《七律·长征》的教学中，尝试着将广东省特级教师江伟英老师的"思维导图"和"桥形图"引入其中，试图凭借它们让学生把自己看到的、感悟到的知识通过这种模式"画出来"，让"思维导图"和"桥形图"成为一双让学生能看得见的"眼睛"，再通过对诗歌的精细剖析与层层展示，帮助学生理清思路，体会这首诗歌的意蕴。

二、可视化思维工具是对诗歌教学的铺垫

可视化思维工具能够直观地展示诗歌的内容，借助可视化思维工具能够促进学生对诗歌内容的个性化理解；能够更快、更直观地让学生联系诗歌的背景理解诗意；还能够让学生按图索骥，体会诗歌的意蕴。可见，可视化思维工具是对诗歌教学的铺垫。

1. 促进个性化理解

将思维导图引入《七律·长征》的教学，有助于帮助学生对诗歌的个性化理解。课前，我先让每个学生进行充分预习，通过让他们收集资料，了解红军长征的原因，并抓住红军长征的路线，让学生练习绘制路线图，鼓励学生用思维导图的方式把红军长征的路线画出来。

2. 联系诗歌背景理解

思维导图画好后，在课堂的检查预习阶段，我鼓励学生到讲台上对自己创作的思维导图进行讲解，再与大家分享自己的学习成果。我紧紧抓住这首诗歌的背景，和其他同学共同对图中展示的知识点进行点评分析，查漏补缺，取长

补短。同时，鼓励学生向更深、更多的主题发展，逐步整理出更加完整的、有个性的思维导图，《七律·长征》思维导图如下所示：

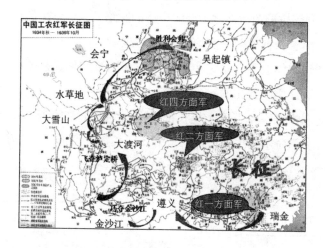

3. 按图索骥，理解诗意，体会意蕴

（1）根据预习检测中"我想提问题"这一环节，确定教学重难点。教师通过梳理预习阶段学生在思维导图中提出的问题，找出学生共同的困惑作为课堂教学中的重点与难点，是提高课堂教学效率，发挥学生主体地位及教师主导作用的直接体现。

例如，《七律·长征》一课，很多学生提出了以下几个问题：

①红军为什么要长征？

②红军长征途中那么艰苦，为什么还要继续？

③毛泽东为什么要写这首诗？

这些问题提得多好啊！体会诗歌的意蕴，感悟红军的精神，是本课的教学重点，围绕着这几个问题进行教学，就能很好地突破该教学的重点。

（2）利用桥形图，突破教学的难点，桥形图如下所示：

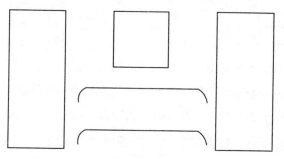

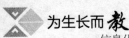

叶圣陶先生曾经说过："作者思有路，遵路识斯真。"作者写文章都是有一定思路的，诗歌也是一样，只有把握了这个思路，我们才能发现文章的主旨。教师可以利用桥形图帮助学生理清全诗的脉络，培养学生的抽象思维能力。

教学《七律·长征》时，我紧紧抓住"难"与"不怕难"设计了桥形图："你从哪些词句中体会到红军途中遇到了很多困难？你又从哪些词句中体会到红军不怕难？"让学生找出关键的词语，用搭桥的方式，绘制出"桥形图"，让学生直观地感悟红军二万五千里长征途中遇到的艰难困苦，体会红军战士的革命英雄主义和革命乐观主义精神，《七律·长征》桥形图如下所示：

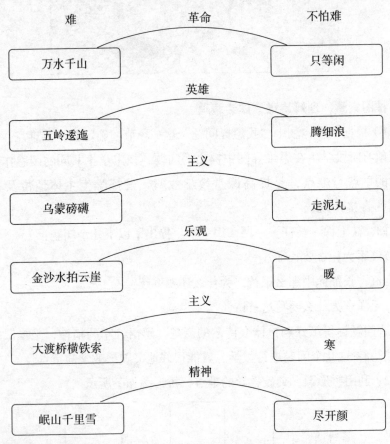

例如，"五岭逶迤腾细浪，乌蒙磅礴走泥丸"，你从哪个词中体会到红军战士在长征途中遇到的困难？学生很容易地找到"五岭逶迤、乌蒙磅礴"这两个关键词，教师可以让学生画一画，通过画一画感悟"五岭"的连绵不断和"乌蒙"的险峻雄奇。接着问学生，作者把"五岭逶迤、乌蒙磅礴"看作什么？借助简笔画，让学生品味"腾细浪、走泥丸"的平淡，教师再一次把作者的语言叙述用简笔画还原成情境，借助桥形图激活学生头脑中储存的与文字相关的信息，引导学生展开丰富的联想和想象，巧妙地融词义理解与情感体验于一炉，加深学生对诗句的理解，使学生在头脑中形成"五岭逶迤、乌蒙磅礴"和"腾细浪、走泥丸"鲜明对比的画面。再通过教师的引读、学生的品读，让学生读出五岭的绵延不绝、乌蒙的气势磅礴，而"腾细浪""走泥丸"则要求学生读得平淡，从而引领学生感悟到红军战士"不怕难"的精神，体会诗歌的意蕴，从感情朗读的指导中升华学生的情感，突破课文的难点。

借助可视化的思维工具，有利于培育小学生参与学习的信心，培养学生乐观、智慧、勇敢创新的人格特征及群体协作的精神，更有益于使学生碰撞出更多的思想火花，集思广益，激发其创造灵感。这样的课堂都有一个共同的特点：就是学生的课堂思维环境宽松、自由、和谐、活跃、鼓励创造，把这样的课堂与诗歌的学习联系在一起，能更好地引领学生体会诗歌的意蕴。

■ 参考文献

江伟英.图解语文［M］.广州：新世纪出版社，2010.

◆ 着眼于"学"，着力于"让" ◆

——如何构建小学语文"先学后教"的高效课堂

广东省汕尾市海丰县海城镇中心小学　屈小玲

"先学后教"是一种学生参与为主、教师引导为辅的教学模式，在这一模式中学生的学习积极性得到了调动，教师的教学效率也得到了提高，能够有效地帮助教师打造一个高效的语文课堂。为此，本文就小学语文教学中应用"先学后教"这一教学模式的措施做出了相关分析，分析内容如下所示。

一、课前先学，借助微课初步掌握课文内容

随着信息技术应用的不断深入，在当前的教育教学工作中，诞生了不少新

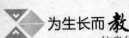

型的教学方式。应用商店的各类教学APP、教师借助信息技术开展的网络教学等，都是当前时代的新型教学方法，微课也是诸多新型教学方法之一。为此，在正式开展教学之前，教师可以利用微课让学生先对课文中需要学习的内容进行预习，将课文中的生字词先解决掉。

例如，《窃读记》这一课，教师可以先让学生在课前借助微课提前学习。教师可以这样设计：在上这一课的前一天，教师可以借助班级QQ群或微信群上传自己已经做好的微课，让学生回家之后先借助微课进行学习。班级中的芳芳表示，之前老师没有让他们提前学习时，上课的时候总觉得老师说得很快，有些跟不上老师的节奏。但是自从老师让他们回家之后，提前利用微课对课文进行初步的学习，他们能够在课前将课文中的生字词解决掉，在正式上课的时候，自己对文章有了初步的了解，老师所开展的教学自己也能够跟上，学习语文更加轻松了，高效课堂便这样展开了。

二、课中解难，小组合作解决课文知识难点

一堂课四十分钟，教师需要在一堂课中传授给学生一定的知识。要想打造一个高效的语文课堂，如果教师没有先让学生预习，直接在课堂上开展教学，会浪费较多的时间，且教学效率不高。针对这一点，借助"先学后教"这一教学模式，教师就能很好地节省课堂上用于基础知识教学的时间，转而更好地帮助学生攻克教学重难点，以此提高教学效率。在课堂上，教师可以利用小组合作的方式来帮助学生解决课文中的知识难点，以此打造高效语文课堂。

例如，《梅花魂》这一课，教师在课堂上便可以借助小组合作的方式来帮助学生解决教学的重难点。为此，教师是这样设计教学的：在课堂教学过程中，教师首先让学生各自分好小组，通过课前的微课学习，学生都已经知道了《梅花魂》这篇课文主要讲了一个什么样的故事。但是班上的学生不能理解文中祖父三次落泪的原因，为此，教师让学生分组之后，针对这个问题开展讨论，让学生在讨论的过程中明白祖父的思乡之心、念国之情。在学生讨论的过程中，教师需要给予学生适当的指导。针对这一点，阳光组在讨论的时候，组员都表示自己没有头绪，不知道从哪方面去思考，教师在一旁看到后便给予了指导，让他们想一想，文中祖父是在什么时候落泪的，假如你是祖父，落泪的时候你会想些什么。在教师的指导下，阳光组的学生都找到了讨论的要点，所

以在讨论的过程中，课文的重难点也得到了解决。且借助这样的教学方法，学生的参与度和积极性都比较高，更能帮助教师打造一个高效课堂。

三、当堂训练，借助练习帮助学生强化知识

在帮助学生结束教学重难点之后，教师还可以利用课堂时间对学生进行当堂训练。例如，借助练习帮助学生对刚才所学习的内容进行巩固，以此更好地强化知识，掌握知识。

例如，在《钓鱼的启示》这一课的教学中，教师在课堂上可以为学生设计一些当堂训练，以此来检测学生对知识的掌握度。《钓鱼的启示》这一课主要是让学生明白道德只是一个简单的是与非的问题，但实践起来很难。对此，教师在讲授完课文内容之后，利用余下的时间开展了一个小活动。借助多媒体，向学生出示：在你未来的生活中，如果出现了金钱这条鱼时，你会想起父亲什么样的话语？假如出现了权利这条鱼时，你会记得父亲怎样的告诫？假如出现了是非这条鱼时，你会不会忘记父亲怎样的叮嘱？当教师在给出这样的任务之后，班上的学生都能积极地参与到训练当中，且学生在回答教师给出的这几个问题的过程中也会对自己课堂所学的知识进行运用，而在运用的过程中也就对所学知识进行了一个强化，从而让学生更好地掌握。

四、结束语

课前先学，让学生在教师教之前就能够初步掌握所学知识，这样可以帮助教师节省课堂时间，更好地去解决课文中的重难点。而当堂训练则能够及时地向教师反馈学生的学习情况，让教师更好地补充学生的不足之处，以此打造一个高效课堂。

（省十二五"信息化环境下小学语文高年级教与学的有效性研究"）

参考文献

［1］罗明娇.以生为本，先学后教——刍议小学语文阅读教学中的"先学后教，创建高效课堂"［J］.新课程研究（下旬刊），2017（11）：36-37.

［2］胡光敏.巧用"先学后教"，构建小学语文高效课堂［J］.中外交流，

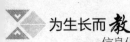

2016（26）.

[3] 吴月琴. 基于当代教育背景下如何构建小学语文高效课堂 [J]. 读与写，2017，14（17）.

◆◆ 自主学习让课堂更精彩 ◆◆

——谈"先学后教"提高小学语文教学的有效性

广东省汕尾市海丰县海城镇中心小学　屈小玲

"先学后教"是国内一批走在教学前沿的教师群体总结多年的教学经验与教训所得出的宝贵成果，其"新"主要表现在对传统的"教—学"和"讲—受—练"模式的变革上，它改变了传统教师教条式的教法，即不再要求学生在上课时始终跟随自己的思路进行学习，更大程度地把学习的权利交给学生，以学生自主学习为主，老师启发式教学为辅，是对自主学习的极大弘扬。我在总结多年教学经验的基础上，也得出了自己"先学后教"的一套教法，即"预习质疑（课前）——展示探究（课内）——检测反馈（课内或课后）"，并在该模式下探索出科学合理的实施步骤和组织原则，已经能够较为客观全面地呈现出其对小学语文"教与学"实施策略的有效性。

一、小学语文"先学后教"教学模式的实际应用

1. 导学方案先行

"先学后教"的关键就是要打破传统的课堂思路，所以，制定合理的导学方案，是决定"先学后教"方案成功与否的重要前提与基础保障。作为"先学后教"的先行者——导学方案，其设计思想应以提高学生的自主性学习为主，把培养学生思考和探究意识作为考量的重点。这就对我们教师队伍提出了新要求：除了要认真研读教材点，精准把握教义以外，还需要我们做到以下几点：第一，把传统课堂中的现场提问和情境教学中的问题导向方案前置，让学生带着"我应该怎么做，而不是老师要我怎么做"的心态去学习，在导学方案中要注重梯度，既要让学生感受到提前解决问题的喜悦，又要让学生对问题有一定

的思考，明白自己的不足；第二，为了更好地激发学生在课堂之外的学习欲望，导学方案要更注重生活化、实用化。

2. 重在先学

从预习质疑（课前）到展示探究（课内），对于我们教师而言，学生先学的质量决定着"先教后学"方案的成败。除了需要高质量的导学方案保证之外，还需要教师对此环节的跟踪把握。先学不是教师把学习丢给学生来减轻自己的负担，而是与本校的信息化教学系统相结合，试图构建一个家庭—教师—学生的链条。学生在学习中遇到的无法解决的共性问题，正是下一环节需要着重解决的问题，其中个别问题还需要因材施教、个别辅导来满足。

3. 难在后教

以上述的先学为基础，接下来，教师应着重于合理利用 "后教"的方式，对学生提出的疑难问题给予解答并加以合理地引导，依照学生的实际学习状况，改良、完善教学内容，从而使得小学语文的教学课堂具备较高的实效性。此外，教师还可以利用展开小组讨论、情境式教学课堂的方式，使得学生通过合作和互助自己解决所遇到的难题。

4. 引导学生检测，并实施合理反馈

检测是对学生对问题把握程度的二次考验。此部分设置的目的有二：一方面是补漏，防止学生对知识点"假掌握"，教学实践证明有些问题往往要通过三次的有效联系才能让学生达到真正掌握的程度；另一方面是为了使学生夯实基础，巩固已掌握的知识点，教师也能从学生检测中得到丰富的反馈，反思自己哪方面做得不到位，进而进一步完善"先学后教"体系的建设。

二、"先学后教"的有效性展示

1. 培养学生的核心素养

小学教育以启智为主，此时谈不上核心价值的形成。但是采用"先学后教"的方式，可以培养学生独立思考、自我判断的能力，小学教育良好的开局，完全可以为以后的全面发展奠定良好的思维基础，使之成为伴随终身的必备品格与关键能力。传统的"教—学"与"教—受"模式，看似可以保障良好的课堂秩序和学生取得良好的成绩，但是这种"鸡填鸭充"的教育，归结到底对学生仅仅是一种知识的灌输，缺乏对学生进行自主意识的培养，这样培养出

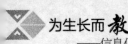
来的学生往往知识水平高，考试成绩好，但是能力水平不高。而当今的时代是一个知识与能力、学习与思维并存的时代，对此，传统教育方式培养出来的学生往往会感到迷茫。而"先学后教"的教学模式，在传授学生知识的同时，注重培养学生的学习能力、思维能力和实践能力，是对新时代教育教义的把握和运用。此时，学生的核心素养能够在小学教学中就得到潜移默化的根植，对将来的学习、工作帮助良多。

2. 保证学生的"因材施教"

"因材施教"是教育实践中必须直面的困境和巨大的难题，传统教学方案，所有学生在一个课堂上，老师讲同一门课。这种教学方案肯定了教育的公平性，所谓"有教无类"，但是也完全无视了学生作为一个个体所具有的个性特征：他们的起跑线可能不同，对每个老师教学方式的接受程度可能不同，其思维方式可能不同，对老师教授内容的理解程度也从而导致了学生成绩的不同。而"先学后教"模式则为很好地解决这个问题提供了可能。因为实现了问题导向性的前置，学生在上课之前可以自己尝试解决部分问题，解决不了的可及时向老师反馈，这样，老师在课堂前对学生们的整体掌握情况就有了良好的认知。基于老师对重难点的把握，对浅层知识模块，大家掌握得都比较好，老师就不必再投入大量精力去讲授，把更多时间用在"攻坚克难"上，有效地避免了部分教师面面俱到而学生只是冷冷而学的现象出现。

三、总　结

在"先学后教"的过程中，我们教师应该明确，把学这一本质转移到学生手中并不是意味着我们教师可以撂担子，我们的责任并没有转移。办人民满意的教育，我们还需不断努力，及时发现问题、研究问题、解决问题，才能实现"先学后教"教学模式与教学发展的双赢。

（省十二五"信息化环境下小学语文高年级教与学的有效性研究"）

参考文献

［1］于会祥.我看"先学后教"［J］.中小学管理，2014：54.

［2］孟建锋."先学后教"与"先教后学"辨析［J］.现代教育科学，2012（08）.

［3］陈军民.浅议"先学后教，当堂训练"与"翻转课堂"［J］.现代中小学教育，2015（06）：32-35.

❖ 如何提高小学语文阅读教学的实效性 ❖

——《信息化环境下小学语文高年级教与学的有效性探究》

广东省汕尾市海丰县海城镇中心小学　屈小玲

"一千个读者，就有一千个哈姆雷特。"同样，"一千个语文老师，就有一千种语文课堂。"然而，不管语文课堂如何气象万千，扑朔迷离，异彩纷呈，课堂教学的有效性依然是教育工作者孜孜以求的课题。"语文教学'误尽苍生'"的批评鞭策着每一位语文教师致力于课堂有效性的探究，我也一直在教改这条路上孜孜不倦地摸索，努力让语文阅读教学呈现出活力。

一、创设"问余何意'悦文章'，笑而不答心自闲"的阅读氛围

课堂和谐的学习氛围，是促进课堂阅读教学有效性的最佳土壤，是传递知识的无声媒介，是启迪智慧的潜在力量。

教师应注重建立和谐的师生关系，营造民主、宽松的学习氛围。课堂上，教师要进入角色，以简洁而富有感染力的导语，精心设计阅读教学的情境，以激发学生个性阅读的兴趣、情趣，酝酿"未成曲调先有情"的氛围，使学生动情入境。

教学第五单元"中国古典名著之旅"（小语人教版五年级下册）时，我借助多媒体教学手段辅助教学，这样设计导语：中国是一个神奇的国度，中华民族是一个浪漫的民族，悠悠中华，流传下了许多优秀的文学篇章。同学们都听过中国古代的四大名著吧？有哪一位同学知道这些故事呢？

学生对《西游记》和《三国演义》是非常感兴趣的，他们纷纷介绍自己看过的各种故事，我顺势引入新课：这一单元，就让我们一起踏上"中国古典名著之旅"。再辅以声情并茂的诵读和生动活泼的动画片段，学生的阅读兴趣空前高涨，"问'汝'何意'悦神话'"，自然是"笑而不答心自闲"。

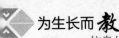

古诗的教学历来是解词译句悟意境，学生向来觉得枯燥。教学《黄鹤楼送孟浩然之广陵》时，一曲优雅的《烟花三月》，画面上如梦如幻的烟雨江南，烟波浩渺的长江，片片白帆，点点沙鸥……学生自然进入古诗营造的送别情境中。

"唯见长江天际流，那么诗人不见的是什么？"

"不见繁花似锦，莺歌燕舞。"

"不见杨柳依依，碧波荡漾。"

"不见小草青青，蝴蝶飞舞。"

……

"孤帆远影碧空尽，不尽的是什么？"

"不尽的是思念。"

"不尽的是忧愁。"

"不尽的是友情。"

……

如此情景交融，怡然自得，学生自然是"问余何意'悦诗词'，笑而不答心自闲"。学生与文章相融，与作者相通，与教者相悦，课堂阅读自然高效。

二、倡导"一千个读者，就有一千个哈姆雷特"的个性阅读

"阅读是学生的个性化行为，不应以教师的分析来代替学生的阅读实践。"阅读是一种再创造，它带有强烈的个性特征。尊重学生的个性阅读，珍视学生独特的感受、体验和理解，是促进教学有效性的一把钥匙。

在课堂教学中，教师要引导学生主动体验文本，引导学生大胆提出自己的不同见解，说出问题和困惑，如在学习《"精彩极了"和"糟糕透了"》一文时，就有学生提出异议：父亲这样批评太不留情面了，巴迪这么小，心理承受能力差，怎么受得了？批评也要注意方式。这就是学生的不同见解，他们在尝试对人物言行做出自己的判断，我让学生把这些阅读体验在文本中做了批注。

在阅读中应该珍视学生独特的情感，倡导批注式教学，满足学生各种阅读需求，让学生愉悦地读，快乐地读，激发学生探究的热情，让语文课堂个性飞扬。

三、铺设"读书破万卷，下笔如有神"的读写平台

读写结合的学习方式可谓源远流长，不愧为提高阅读教学成效的传统秘方。教师在课堂教学中，要为学生铺设读写结合的平台，为学生的读写训练创造有利的条件。

例如，《匆匆》中的一段话："洗手的时候，日子从水盆里过去；吃饭的时候，日子从饭碗里过去；默默时，便从凝然的双眼前过去。"可让学生依照句式进行写话；《穷人》一课中，描写桑娜心情的句子，用了不少省略号，可让学生想象填补，并续写渔夫夫妇收养孩子后的故事；把《晏子使楚》改编成剧本进行表演，把古诗改编成故事，编写诗歌剧……在这个过程中，学生既加深了对文本的理解，又增强了语言运用的能力。

"读书破万卷，下笔如有神"，学生在读中既积累了丰富的词汇，又有了写的平台，自然能下笔成文，挥洒自如。

四、促进"问渠那得清如许，为有源头活水来"的阅读迁移

每一册语文课本仅有二三十篇课文，作为语文能力基石的阅读，如果仅靠数十篇的课文，那只能是杯水车薪。作为课文的补充、延伸，拓展阅读可分课前、课中、课后三个时段。

课前的拓展阅读主要是让学生通过书籍、网络等途径了解课文的时代背景及作者的相关资料，为课文学习储备能量。例如，学习《开国大典》，让学生了解建国始末，激发爱国情感，为学习课文打下基础。

课中的拓展阅读是在教学过程中，当学生遇到疑难时，恰当地利用拓展性阅读材料帮助学生解决问题。例如，教学《草船借箭》时，学生问："诸葛亮为什么要答应周瑜十天造好十万支箭的要求？"适时地引导学生阅读《三国演义》第四十六回"用奇谋孔明借箭，献密计黄盖受刑"的故事，就能帮助学生解疑了。

课后的拓展阅读是开发课程资源，教师要有针对性地向学生推荐相关的课外读物，使阅读向课外延伸。例如，学习《小嘎子与胖墩儿比赛摔跤》，让学生读读原著《小兵张嘎》；学习《鲁滨孙漂流记》，让学生读读《鲁滨孙漂流记》；学《送元二使安西》，让学生积累送别诗……

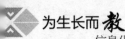
只要我们教师想方设法地为学生铺设阅读的桥梁，把学生引向更广阔的天地，所谓源头活水不断，学生的语文能力就能不断得到提高。

有效的阅读教学，可以让学生的学习历程充满活力，让学生享受更精彩的阅读生活。借助信息化环境，提高课堂教学的有效性，是我们教育工作者的追求。在这条探索的路上，会有困难，会有挫折，但只要付出努力，我们的教育人生也会因此变得更加绚丽，而我们的学生，一定能够"胸有文墨怀若谷，腹有诗书气自华"。

◆◆ 小学语文"先学后教，当堂训练"模式初探 ◆◆

广东省汕尾市海丰县海城镇中心小学　屈小玲

一、引 语

"先学后教"的教学模式是对传统"先教后学"教学模式的一种颠覆性改革，过去，许多教师之所以喜欢满堂灌，是唯恐讲不细，学生听不明白。我们一般认为教师讲得越细，学生学得就越容易，课堂教学效率会更高，但是我们没有想到，这样做会使许多学生养成懒得动脑筋的习惯，只是被动地听课，不愿主动地学习。其实书本上大部分知识学生通过自学都能够解决，老师的讲反而更耽误时间。考试不及格，传统的观点总认为教师讲得少，希望老师多讲。这种思想观念说到底就是对学生信不过。思想观念不转变，教学改革则永远无法进行到底。

"先学后教"的理念是：教师的责任不在于教而在于教学生学。"先学后教"，以教导学，以学促教。以此为教学理念的教学改革层出不穷，比如：

（1）魏书生的"六步教学法"。

（2）洋思模式："先学后教，当堂训练"。

（3）尝试教学："先练后讲，先试后导"。

（4）杜郎口模式："'三三六'自主学习模式"。

（5）钱梦龙老师的"语文导读教学法"等等。

虽然以上列举的各种教学模式实施的步骤和方法各不相同，但都有一个共同点：打破传统的"老师教，学生学"被动低效的教学模式，提倡"以教师为主导，学生为主体，摒弃传统的、落后的教学方法，以培养学生的创新精神和实践能力为重点，着力提高学生素质"。

《新课程标准》指出："应当密切关注当代社会信息化的进程，推动语文课程的变革和发展。"多媒体辅助教学是一种很有效的现代化教学手段。随着素质教育改革的不断深化和现代教育技术的逐步推广，多媒体教学手段已经被广泛引入课堂。多媒体教学对激发学生学习兴趣、开发学生智力、提高课堂效率、优化课堂结构等起到了很大的积极作用。

那么，要想借助多媒体在小学语文课堂中将这种先进的教学模式体现出来，在网络环境下实施"先学后教，当堂训练"，具体过程该如何实施？会让课堂产生什么影响，给学生的学习带来什么变化呢？本人将会在下文，结合自身的课堂教学实践给予介绍。

二、"先学后教，当堂训练"教学模式

教学流程如下：

（1）"先学"，教师简明扼要地出示学习目标；提出自学要求，进行学前指导；提出思考题，规定自学内容；确定自学时间；完成自测题目。

（2）"后教"，在自学的基础上，教师与学生、学生与学生之间进行互动式的学习。教师对学生解决不了的疑难问题，给出通俗有效的解答。

（3）当堂训练：在"先学后教"之后，让学生通过一定时间和一定量的训练，应用所学过的知识解决实际问题，加深理解课堂所学的重、难点。

课堂的主要活动形式：学生自学—学生独立思考—学生之间讨论—学生交流经验。

（4）这种教学模式，教师不再留作业，学生在课堂上完全自我解决，当堂消化。

三、"先学后教，当堂训练"教学模式的实施

1. 准备工作

首先，以"培优转差"的原则将班级学生分为八个学习小组，尽量保证各

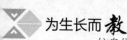

小组能做到优秀生教后进生、外向型影响内向型、协调能力强的带领合作能力差的。组内成员的任务分工，如组长、发言人、朗读者、记录人、提问者等，要定期轮换，以保证每个孩子各方面能力都能得到相应的锻炼。

其次，教师每节课均须准备导学案并在课前把"预习达标"部分通过同步课堂复制给学生。因为学生的"自学"一定要有效，不能随意学习处于"放羊"状态，所以教师在备课时要仔细研读教材，上课前将学习目标以文字的形式展示给学生，告知学习方法，并根据重点难点设计相应的问题或者练习，以引导学生自学。设计的问题或练习最好能针对不同学习水平的学生划分不同的层次。

最后，指导学生预习。一篇新课文，如果学生预习到位，就能更好地参与教学活动。老师要布置学生预习，并且提出具体要求，如读课文，圈点字词、勾画语句、理清思路；查疑难，通过查字典、工具书、网络资源等，解决字词的音和义，了解作者和写作背景等；提问题，善于找问题，将疑难标注下来，然后在课堂上与同学和老师交流。

2. 课堂教学

"先学后教，当堂训练"的课堂教学过程，大致可分为六个环节：

（1）课件出示学习目标和自学要求（时间：1分钟），如《别饿坏了那匹马》PPT。

只有明确了具体的学习目标和自学要求，学生才会有针对性地进入到学习中去，不至于如同无头苍蝇一样胡乱摸索。

（2）课件出示导学案"预习达标"部分的训练题目，检查学生的预习情况，然后出示导学案"合作探究"部分，学生以个人或者小组的形式自学，边研读教材边完成教师提供的导学练习，在学习中发现的问题可以马上上网查询，亦可以通过查阅教辅资料或与小组同学交流的方式来解决。教师巡视，有针对性地指导小组合作学习，及时发现学生自学中的问题，针对学生自学中暴露出来的问题或训练中存在的错误，教师引导学生讨论，让会的学生教不会的学生，教师只做评定，补充更正。采取"兵"教"兵"的形式，事实证明，一帮一，"兵"教"兵"活动不但能解决困难生问题，也能促进学优生的学习能力、表达能力、分析能力的提高，使学优生自己能在学习上有紧迫感。把自己理解的东西表达出来，这本身就是一种提高，这也是"兵"教"兵"的魅力所

在。（时间：12分钟）

学生的自学能力不是天生的，也不是一朝一夕就能形成的，而是在老师的指导下，在一节又一节课的积累中总结出来的。所以，对于小学生来说，老师给他们一根拐杖，引导他们学习，使他们在自学过程中一边读书一边完成老师根据教学重点难点设计的导学练习，这样不仅能使学生对文本有深刻的理解，还能让他们渐渐悟出抓重难点的方法。而网络的运用加快了自学的过程，加强了学生之间的合作，提高了课堂的效率。

（3）学习小组提交合作完成的导学案，教师抽查，各小组互相对照。（时间：2分钟）

这个环节体现了"先学后教，当堂训练"教学模式的最大优势，它能让老师在课堂内就了解每个学生的自学情况，为下一个环节有针对性地指导做好了铺垫，使学生的自学反馈快速而有效。也能让学生在互相对照导学练习答案的过程中，反省思考方法，纠正理解方式。

（4）学生交流、讨论自学结果，教师予以纠正和指导。（时间：10分钟）

各小组派代表汇报学习结果，可以是有感情地朗读课文，说说对课文内容的把握，谈谈对重点句子的理解，对写作方法、写作特色的归纳等；也可以结合老师提供的导学练习进行学习汇报，在某一个小组汇报的过程中，其他小组可以补充或者提问。传统的教学模式是"老师讲、学生听"，但是"先学后教"中的"教"不是系统讲授的意思，而是"点拨"的意思。通过上一个环节抽查学生完成的导学案，以及这个环节中各学习小组的交流讨论，教师可以清楚地知道，哪些知识点是学生已经掌握的，哪些知识点是学生尚未理解和消化的，这时，教师就可以针对学生的疑惑给予恰当的讲解并做出总结。"先学后教"中"教"字的作用主要体现在这里。

（5）借助导学案和同步练习加强学生的训练强度，实行当堂训练，尽量不把作业带回家。（如果根据本节课的教学目标，学生需要进行写作，则可视具体情况设计写作练习，学生完成后在网络上互评作文）（时间：15分钟）

（6）通过前面五个环节学生已经有效地完成了书本知识的学习，接下来则应当让学生进行拓展性学习，增加阅读量，提高阅读水平和写作能力。网络能让学生的阅读和写作更便捷，一方面，网络阅读资源量大，能让学生吃得饱；另一方面，无论是阅读心得的交流还是作文的互相评价，在网络的支持下都更

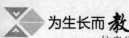
快、更有效。

三、"先学后教，当堂训练"教学模式的意义

1. 有利于提高课堂效率

网络的运用使教师传递给学生信息（如提出学习目标、提供导学练习等）的速度更快，形式也比提供纸质的练习更方便、更灵活。学生之间通过网络进行自学，一旦发现难题，马上就可以在网络上得到解决，与同学交流课文学习、阅读、写作的感受也可以不受座位空间、人数的限制，这就使合作学习落到了实处，并且节约了大量的时间，使得课堂教学更高效。

2. 有利于提高学生的自学能力

虽然提倡"以学生为主体"的理念已经深入人心，但是大部分的课堂还是以"老师教，学生听"的形式进行，老师来提问，学生来回答，归根结底还是老师牵着学生走，学生没有真正掌握学习的方法。而"先学后教"则是以学生自学、学生讲解为主，教师通过导学案指导学生学习，使学生在自学、小组合作学习的过程中，自己领悟、归纳总结出学习的方法。经过这样的训练后，学生今后拿到一篇文章，就会知道如何去学习。古人云："授之以鱼，不如授之以渔。"教学应该教给学生的不仅仅是知识，教给他们自学的方法更重要，而网络环境下"先学后教，当堂训练"的课堂正是培养学生自学能力的好机会。

3. 有利于减轻学生负担、促进素质教育

一方面，这样的课堂没有将时间浪费在教师一遍又一遍地重复和强调同样的知识中，而是让学生一边自学一边练习，在课堂中既学习了课文的知识，又通过导学练习对知识予以巩固，老师不用再给学生布置课后作业，使得学生的学习负担减轻；另一方面，用这样的模式上课，二十多分钟学习课本知识已经足够，剩下的时间可以让学生进行拓展阅读、写作，学生在课堂的四十分钟内就能拓展知识面、积累写作素材并进行写作练习，这样就可以留有大量的课外时间供自己分配，得以提高各方面的素质，从而实现真正的全面发展。

4. 有利于缩小两极分化

因为先天素质、家庭环境、学习习惯的不同，学生在接受能力、学习态度、学习能力等方面均存在差异，到了小学中高年级，班级中优等生与潜能生的两极分化现象显得更加严重，而网络环境下的"先学后教"教学模式则以小

组合作学习的形式进行，在分组的时候教师又考虑到了优等生与潜能生的搭配，所以在教学过程中，可以实现"学生教学生"，优等生用自己良好的学习习惯和思维方式去影响学习欠佳的其他学生。

另外，在学生自学时，教师在巡视的过程中可以发现学生在哪些知识点的学习中存在困难，并及时地、有针对性地予以指导，将学生的疑难当堂解决，这样就起到了在课堂上"培优转差"的效果。

四、结 语

"先学后教，当堂训练"教学模式遵循"以学生为本"的教学理念，以培养学生的学习能力、提高课堂质量和效果为目的，并结合信息技术及网络资源，将先进的教学理念与教学技术联合运用，将教学落到了实处。

本人对这种教学模式的探索尚处于初步阶段，对课堂各环节的具体操作也处于不断完善中，接下来还需要继续改进。

参考文献

［1］中华人民共和国教育部制定.小学语文新课程标准［M］.北京：北京师范大学出版社，2006.

［2］周跃德.课堂阅读教学"先学后教"方法探究［J］.教学与管理（理论版），2007（15）.

［3］崔永胜，金梅.浅谈"先学后教"课堂教学模式应遵循的原则［A］.中国当代教育理论文献——第四届中国教育家大会成果汇编（下），2007.

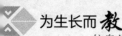
◆◆ 试论信息化背景下利用"三段式"
教学提高小学语文的课堂实效 ◆◆

——十二五"信息化环境下小学语文高年级教与学的有效性研究"

广东省汕尾市海丰县海城镇中心小学　屈小玲

一、"三段式"教学法与信息技术融合的新契机

传统的小学语文授课模式是以教师授课为主，授课内容也往往是以教材为主干，学生在学习语文知识的过程中缺乏与教师之间的互动，"教"与"学"之间难以形成良性的沟通协调机制，容易导致学生"知其然而不知其所以然"。这种单一的授课模式对于学生语文综合素养的养成难以有明显的助益。直至新课改对小学教学模式提出了新的要求，这种传统授课模式开始逐渐得到改善。而出现这种境况的原因，在一定程度上归结于教学硬件条件的改善。

教育均衡已经成为国家一项重要的教育政策，在创设"教育均衡县"的过程中，地方政府投入了大量的资金，实现了"班班通"，解决了教学硬件不足的短板。如何将现代信息技术与学校的新课程改革实验融为一体，成为促进小学语文教与学的有效载体和教学手段？基于此认识，我们在市、县领导和专家的多次指导、论证下，于2013年12月申报了《信息化环境下小学语文高年级教与学的有效性研究》这一课题。该课题于2014年12月获得广东省教育科研规划领导小组的批准，正式立项。

在课题实验深入开展的过程中，我们发现：随着信息化与教育模式的逐渐融化，考虑合理利用信息化技术，再结合"三段式"教学，构造现代化的课堂模式是一个值得认真探讨的命题。

二、"三段式"教学的概念释义

"三段式"教学法的提出是相对于以课堂讲授为中心的传统授课模式而言的。关于"三段式"教学法，不同学科、不同教育工作者都有不同的理解，我

在结合多年一线教学经验的基础上，认真分析，结合小学语文的学科特点和小学生的心理成长状态及其认知能力，提出一种个人见解的"三段式"教学法。我认为，应当将广义的课堂分为三个阶段："预习—质疑；展示—探究；检测—反馈"。我想要强调的是，"课前预习、课上展示探究、课后检测"应当作为同样重要的环节对待，课前预习重视对问题的科学设计，这直接关系到授课内容的中心和走向，同时也是学生关注和学习的重点；课上展示意在强调探究学习的过程，而这个过程重在学习知识的同时培养学生自主学习的能力；课后检测的环节是帮助教师及时掌握学生的学习状态，从而有针对性地调整授课方式，实现课堂模式的良性循环。

在信息化背景下，"三段式"教学法的提出具有良好的土壤，借助信息技术在课前的预习可以更为便捷地收集与授课内容有关的资料，方便学生自主收集；在课上展示环节，教师可以借助信息技术采取多样化的授课形式，借助影像资料等对学生有吸引力的形式展示授课内容；在课下检测环节，教师可以借助信息网络对学生的反馈进行即时处理，高效便捷。

三、利用信息技术开展"三段式"教学的实施策略

1. 预习环节，引导学生利用信息手段自主准备

预习是为了帮助学生提前对授课内容进行大概了解，一方面是为课堂学习阶段做一定知识背景的储备，另一方面则是为了给予学生自主学习的空间，这其中包括有针对性地收集资料的过程和分析理解资料的能力，这些工作均需要借助于信息化技术。

以课文《少年闰土》为例，在预习环节，因为六年级的学生已具备了一定的独立学习的能力，所以我在课前安排了以下的预习目标：

（1）利用学习平台自学生字（扭、胯、厨、套、猬、窜），利用工具书理解文中词语（胯下、讲究、祭祀、厨房、刺猬、畜生、逃窜、潮汛、伶俐、明晃晃）。

（2）熟读课文，理清文章脉络，理解文章的主要内容。

（3）利用网络引擎，搜索相关材料，了解鲁迅。

具体操作如下：

（1）开学初给班级里的每一个学生注册好账号，并建立班群。接着教学

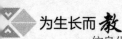
生在手机或电脑端下载"乐教乐学"平台，教学生掌握"乐教乐学"平台的简单操作。预习环节主要是借助"乐教乐学"平台中的"同步教助手"，用生动形象的游戏让学生轻松而富有成就感地完成对生词的认识及对课文的初读。例如，"课前识认生词"用筛选的方法先把已经掌握的字删除掉，直接记忆不认识的生字，再把新认识的生词删去，直到把所有字记忆下来为止。当所有生词都掌握后，可以利用"生词听写"进行检测掌握的情况，从而完成第一个目标——读准字音，认清字形。

（2）引导学生正确朗读课文两遍，读通、读顺课文。标出全文自然段落；再次默读课文，了解课文的主要内容：课文通过"我"的回忆，刻画了一个聪明而又能干的少年——闰土的形象，反映了"我"与他儿时短暂而又真挚的友谊及对他的思念之情。理清文脉：课文以"忆—盼—见—佩—思"为线索，重点写了闰土给"我"讲的四件事，最后写两人的分别和友谊。读了这篇课文，写读后感。

（3）利用网络引擎搜索鲁迅的相关资料，了解《故乡》的写作背景及写作意图。

（4）质疑，提出自己弄不懂的地方，准备在课堂上与老师、同学探究。

学生们通过课前"预习—质疑"，有效地提高了预习效果，促进了"有效课堂"的建设。

2. 课上环节，教师有针对性地设计授课流程

在"三段式"教学课堂上"展示—探究"环节要重视教师与学生、学生与学生之间的互动沟通，利用信息技术科学设计授课流程。同样以《少年闰土》为例，"展示—探究"环节应当先行通过简短的影视剪辑呈现出作者所生活的时代社会背景，带领学生走进那时的时代氛围，这就是通过信息技术来创设教学情境。其目的是为《故乡》中中年闰土人物性格的变化做铺垫，中年闰土与少年闰土的巨大反差，也是作者内心成长的反映，是作者对当时社会思想和生活的不满和批判。一个科学的授课流程要包括合理的"课程导入、课程展开、问题探究、总结体会"这些环节，在课上教师应当对课前留给学生预习的问题进行检测，初步了解学生对课文的掌握程度，有针对性地进行讲解，及时了解学生的心理和认知状态并给予恰当的引导。通过PPT展示系统归纳出的课文的事件时间轴和作者不同时间段的情感状态，结合时代背景归纳原因，引导学生体悟作者的撰文意图，在掌握一些基础的语言知识和写作技巧的同时，帮助学生树立正确的情感认知和三观。

3. 课后环节，利用信息网络及时掌握学生的学习情况

课后同样需要给学生布置相应的课后任务，帮助教师掌握学生的学习状态和改进自己的教学方法，比如学习了《少年闰土》，教师让学生就自己心中的闰土形象撰写一篇小短文，学生可以发挥想象力续写闰土之后的生活故事，还可以在"乐教乐学"平台发表自己关于这篇课文的感悟和收获，并与其他同学、老师分享交流。同时，课文《少年闰土》也是一篇极为优秀的人物描写文、叙事文，在学习课文相关词汇和表现手法时给予学生写作方面的相关启发，课后教师可以就这些优秀的写作技巧让同学模仿应用，尝试将人物形象刻画得如同少年闰土那般活灵活现。对于学有余力的同学，教师可以指导他们阅读《故乡》这篇完整的文章，帮助学生拓展课外知识，对闰土形象和作者所要表达的思想有更为宏观全面的认知。课后环节同样是一个非常重要的学习环节，教师应当结合教学任务利用信息技术合理设计课后"检测—反馈"环节。

"三段式"教学法将传统意义上的课堂教学延伸至课前、课中、课后，意在通过循序渐进的教学模式，利用便捷高效的信息技术，帮助学生更为高效地学习课程知识，培养其自主学习能力和正确的价值观及情感认知，帮助学生成长为"会生活、会学习、会做人"的具有优秀综合素质型人才。

参考文献

［1］高慧敏.课改背景下的小学语文教学［J］.教育现代化，2013（73）.

［2］黄小红.小学语文信息化教学的研究［J］.新课程，2017（08）.

［3］徐伟飞.人才培养视野下小学语文信息化教学模式分析［J］.IT与成才，2014.

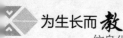

"先学"入手，依托信息平台培养学生独立学习的能力

广东省汕尾市海丰县鮜门镇中心小学　刘紫微

在信息化环境下该如何开展"教"与"学"的有效研究呢？我认为，要构建有效的小学高年级语文课堂首先得从"先学"入手，引导学生通过信息平台学会知识，学会方法，增长能力，从而提高整体语文素养。

一、制定《预习单》，明确学习目标

由于受年龄及思维因素的限制，小学生的自学能力相对来说还比较差，如果我们像往常一样，让他们自己预习，则大多只会借助《教材全解》《教材1+1》等教辅资料将中心思想、段意、词语含义，甚至文段，详解抄写在预习本上，缺乏具体的预习目标。因此，教师在布置课文预习任务时，必须结合学生自身的实际情况，准备好预习的导学提纲（即《预习单》），这样才可以让学生根据导学提纲的内容和程序进行有效的预习。例如，预习《穷人》一文，我给学生制定的《预习单》如下表所示：

■《预 习 单》■

一、"穷人"指生活贫困的人，课题让我猜想：＿＿＿＿＿＿。

二、字词预习可运用"乐教乐学"上的"学生字""解词义""词语对对碰""形近字区分""多音字辨别"。

1.给下列生字注上拼音，认真拼读三遍，并用心临摹。

搁　　裹　　魁　　梧　　淋　　虑

搁　填　怨　掀　唉　裹

魁	梧	淋	撕	霉	虑

2. 给下列加点的字选择正确的读音。

勉强（qiáng jiàng） 掀起（xiān qiān） 倒霉（dǎo dào） 魁梧
（wú wǔ） 撕破（sī shī） 蒙骗（mēng měng）勉强（miǎn mián）

3. 写近义词。

舒适（ ） 抱怨（ ） 顾惜（ ） 探望（ ）

4. 写反义词。

潮湿（ ） 魁梧（ ） 倒霉（ ） 僵硬（ ）

5. 在文中圈出下列词语，理解画线词语的意思。

舒适 搁板 勉强 抱怨 魁梧 撕破 倒霉 心惊肉跳 自言自语
自作自受 忐忑不安

心惊肉跳：_____

自作自受：_____

忐忑不安：_____

三、上网或者查询有关资料，了解列夫·托尔斯泰。

四、课文预习。

1. 正确朗读课文两遍，读通、读顺课文。标出自然段，本文共有
（ ）个自然段。（可运用"乐教乐学""课文朗读"功能）

2. 再次默读课文，了解课文的主要内容，理清脉络。

课文记叙了渔夫和他的妻子桑娜_____的故事，赞扬
了他们_____的高尚品质。

课文是按照事情发展的顺序来写的，可以分为三大部分：第1、2自
然段为第一部分，主要写_____；第_____自然段至第_____自然
段为第二部分，主要写_____；剩下的自然段为第三部分，主要
写_____。

课文以"穷"字为线索，运用了_____、_____、_____、
_____等描写方法，来表现人物的性格特点。

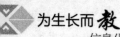
　　　　读了这篇课文，我感受到（懂得了、发现了）＿＿＿＿＿＿＿＿＿

＿＿＿＿＿＿＿＿＿＿＿＿＿＿＿＿＿＿＿＿＿＿＿＿＿＿。

　　　　五、通过预习，你还有哪些需要和老师、同学探究的地方，写在

下面。

　　　　＿＿＿＿＿＿＿＿＿＿＿＿＿＿＿＿＿＿＿＿＿＿＿＿＿＿＿

　　　　＿＿＿＿＿＿＿＿＿＿＿＿＿＿＿＿＿＿＿＿＿＿＿＿＿＿＿

　　六年级的学生经历了五年的语文学习，基本上已具备了一定的独立学习能力，因此我在课前安排了以下预习目标：

　　（1）利用学习平台自学生字，利用工具书理解文中的词语。

　　（2）熟读课文，理清文章脉络，理解文章的主要内容。

　　（3）利用网络引擎，搜索相关材料，了解列夫·托尔斯泰。

　　我是这样具体操作的：

　　（1）开学初给班级里的每一个学生注册好账号，并建立班群。接着教学生在手机或电脑端下载"乐教乐学"平台，教学生掌握"乐教乐学"平台的简单操作。预习环节主要是借助"乐教乐学"平台中的"同步教助手"，用生动形象的游戏让学生轻松而富有成就感地完成对生词的识认，对课文的初读。例如，"课前识认生词"就是用筛选的方法先把已经掌握的删除掉，直接记忆不认识的生字，再把新认识的生词删去，直到把所有生字记忆下来为止。当所有生词都掌握后，可以利用"生词听写"来检测掌握的情况，从而完成第一个目标——读准字音，认清字形。而"课文预习"则有课文的朗读，有词语的理解，每课还有六个问题，可以用来帮助学生掌握课文理解要点。

　　（2）通过网络引擎搜索列夫·托尔斯泰的相关资料，了解《穷人》的写作背景及作者意图。

　　（3）默读课文，按《预习单》的提示理清文章层次，理解文章的主要内容。

　　（4）质疑，提出自己弄不懂的地方，准备在课堂上与老师、同学探究。

　　学生们通过这样程序性的《预习单》，有效地提高了预习效果，促进了"有效课堂"的建设。

三、多元化评价，激发学生的学习兴趣

在《预习单》的后面，我们设计了相应的评价表（见下表），《预习单》有达标要求，以及家长的评价、同伴的评价，还有教师的评价，累计获得5颗星，就可以在班级优化大师的量化评比中加1分。多元评价方式不仅充分培养了学生的自主学习能力和独立思考能力，同时激发了学生的学习兴趣。

《预习单》达标评价表

达标要求	家长的评价	小组的评价	小组展示时教师的评价
我会正确地读写本课生字	☆ ☆ ☆	☆ ☆ ☆	☆ ☆ ☆
我会理解《预习单》中的词语	☆ ☆ ☆	☆ ☆ ☆	☆ ☆ ☆
我会准确、流利、有感悟地朗读课文	☆ ☆ ☆	☆ ☆ ☆	☆ ☆ ☆
我能独立理解课文的主要内容	☆ ☆ ☆	☆ ☆ ☆	☆ ☆ ☆
我能通过阅读，弄清文章的思路	☆ ☆ ☆	☆ ☆ ☆	☆ ☆ ☆
我初识了列夫·托尔斯泰	☆ ☆ ☆	☆ ☆ ☆	☆ ☆ ☆
合计： ☆ 家长签名：		小组长签名：	

四、多种形式反馈、交流

在"先学"工作后，就是"后教"的工作开展，而这方面的工作主要是针对教师来说的，作为教师的我们，在教学的过程中，一定不能为了教学而教学，要从学生的角度出发，有针对性地教学，不能盲目性地开展教学工作，这样才能促进"有效课堂"的建设，才能把握好教育教学的中心和目的。

课中教师的"教"要因课前的"学"而定。在《穷人》第一课时中，我主要以小组交流、展示内容为主。由于学生们通过教师布置的预习任务，对其中的生字词已经有了很好的掌握，且六年级的学生已具备了一定的自学能力，所以，第一课时的课堂教学中，我将重点放在对文章主要内容、脉络层次，以及列夫·托尔斯泰相关资料的交流上，旨在通过这方面的交流，使学生对《穷人》的写作背景及作者意图有较为深入的了解，从而促进学生对文章主题的深层次感悟。紧接着学生再进行质疑——探究——解疑。

由此可见，信息化环境下小学高年级语文要构建教与学的有效课堂，首先必须依托信息平台从课前程序性的"先学"入手，通过一系列活动培养学生掌握现代化信息技术的能力，独立学习、自主探究、交流合作的能力，从而培养

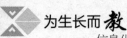
出未来型的人才。

参考文献

［1］木敏.巧用"先学后教"打造"高效课堂"［J］.小学科学（教师版），2014.

［2］中华人民共和国教育部.小学语文课程标准（2011年版）［M］.北京师范大学出版集团，2011.

［3］任苏民.苏州教育丛书：叶圣陶教育改革思想研究［M］.苏州：苏州大学出版社，2004.

［4］李克东，谢幼如.信息技术与课程整合的理论与实践［M］.北京：北京师范大学出版社，2002.

◆◆ 浅谈"先学后教，当堂训练"的几点体会 ◆◆

广东省汕尾市海丰县海城镇城西小学　郑燕山

"兴趣是最好的老师。"没有兴趣就没有所谓真正的学习。以往"填鸭式"的教学模式忽视了学生的主体地位，而"先学后教，当堂训练"的基本思想就是让学生当学习的主人，让学生人人都会学，人人都学好。下面，我将谈谈自己在教学中利用"先学后教，当堂训练"这种教学模式的几点体会。

一、操作模式

"先学后教，当堂训练"这种教学模式蕴含的教学理念是：教师的责任不在教，而在于引导学生怎样学。"先学"是学生按照教师揭示的教学目标及学前指导进行有针对性的学习。"后教"是老师针对学生自学中暴露出来的问题及练习中的错误，引导学生通过讨论、质疑、问难等方式解决问题的过程，从而促使学生之间相互合作，达到共同提高的学习效果。

教学中，我运用此教学模式的程序是：提出目标—指导自学—互学互教—当堂反馈。

提出目标：开始上课时，教师准确地提示教学目标，让学生明确自学要求，即自学什么内容，用多长时间，如何检测等，并指导学生自学的方法。我在执教人教版第十一册第五课《詹天佑》时，要求学生按照《导学案》中的《预习单》进行预习，了解课文从哪三个方面来叙述詹天佑主持修筑京张铁路的过程。

指导自学：学生根据自学要求和学习目标在规定时间内自学相关的内容，完成检测性的练习。学生自学时，教师要巡视，掌握学生自学中出现的疑难问题，为"后教"做好准备。我在执教人教版第十一册第五课《詹天佑》时，从学生的自习情况中，发现学生对于八达岭隧道和居庸关隧道的开凿方法不理解，对于火车在"人"字形线路上是如何走的，学生也懵懵懂懂。

互学互教：这一环节，教师的教学行为是评定、补充、更正。在学生自学结束之后，引导学生解决自学过程中暴露出来的问题，其方式有讨论、质疑、交流等。学生合作解决不了的问题，再由教师点拨。我在执教人教版第十一册第五课《詹天佑》时，针对学生不理解八达岭隧道和居庸关隧道的开凿方法及火车在"人"字形线路上的走法，引导学生画图、演示，从而搞清楚其原理。

当堂反馈："当堂训练"的时间一般保持在10分钟，由学生独立完成当堂作业，这一环节是检测学生能否把刚学到的知识用来解决实际问题。

二、培养能力

1. 培养学生的自学能力

"先学后教，当堂训练"教学模式，有利于培养学生的自学能力，因为这一教学模式主张学生是主体，在学习的过程中要以学生自学、学生讲解为主。但有的老师总担心学生不会学、学不全面，总想在课堂上处处牵着学生的鼻子走。其实，只要教师在"引导"的内容上下功夫，引导得当，学生便能学得得心应手，而通过自己深入思考、探索得到的知识，给学生的印象才是最深刻的。我在执教人教版第十一册第十课《别饿坏了那匹马》时，学生通过自学，找出了三次"别饿坏了那匹马"，弄清了每次的用意，很自然地就感受到了残疾青年美好的心灵。学生有了一定的自习能力，许多问题都能迎刃而解。当然，学生的自学能力不是一朝一夕培养出来的，它需要教师持之以恒、耐心地指导。

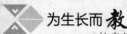

2. 培养良好的合作能力

"先学后教，当堂训练"需要教师根据教材和学生的实际情况，有意识地组织学生对出现的问题进行讨论，然后集体得出结论，而不是由教师直接给出标准答案。我在上课时，总会根据课文内容设计出几个主要问题，引导学生以小组的形式进行合作探究，让学生在交流中理解课文内容，体会中心思想。久而久之，学生已经可以自己梳理出文章的主线，也能自主地通过讨论、查阅有关资料等方式来解决问题。他们在共同探讨的过程中，学会了互助，学会了合作。

3. 培养学生的质疑能力

"先学后教，当堂训练"教学模式要求学生自学课文，并针对不理解的内容提出疑问，然后由师生共同探讨解决。我在执教人教版第十一册第十六课《青山不老》时，学生通过自学，提出老人为什么愿意在这片环境恶劣的土地植树造林？作者为什么说"青山是不会老的"？发出疑问，又重新思考。

4. 培养学生良好的学习习惯

运用"先学后教，当堂训练"教学模式一段时间后，我们可以明显地发现，当教师提出问题来之后，许多学生会主动地按照《导学案》的提示动笔进行解答，长期下去，学生自然而然就养成了主动思考问题的良好习惯，养成收集积累资料的良好习惯……

5. 培养学生的阅读习惯

在"先学后教，当堂训练"的过程中，学生需要学习教材，需要阅读相关的链接和相关主题的文章，需要查阅许多相关的资料，如写作背景、作者简介等，这一个个自学的任务，其实已经增加了学生的阅读量，使学生在阅读中掌握了课文内容，增长了知识，无形中养成了良好的阅读习惯，提高了阅读能力。

"先学后教，当堂训练"，既是一种教学模式，又是一种先进的教育思想，我们要深刻领会其精神实质，把它融化到自己的教学管理与教学实践中去，使其扎根、开花、结果。

[发表于《课外语文》杂志2018年4月上第10期（国内统一刊号：CN21_1479/G）]

参考文献

［1］胡凤翔.在小学语文教学中对"先学后教，当堂训练"教学模式的解析
　　［J］.魅力中国，2017（19）.

［2］刘淑萍."先学后教，当堂训练"教学模式在小学高年级语文课堂教学
　　中的运用［J］.延边教育学院学报，2012（01）.

"先学后教"让学生享受成功的喜悦

广东省汕尾市海丰县海城镇城西小学　郑燕山

《语文课程标准》提出，在整个课程活动过程中，学生的学习不应该是被动接受的，而应该是积极主动的。教师应该成为学生学习的指导者、合作者、促进者。"先学后教"强调以"先学"为主，"后教"为辅。它使课堂教学重心前移，使学生的困惑、疑难得以一一展现，并以此为重点展开教学。在教学中如何实现"先学后教"？下面，我就"先学后教"的实践研究谈谈个人的一些看法。

一、落实"先学"

"先学"是教师有目的性地预设内容指导学生课前独立学习。"先学"有助于学生自我教育意识和自我教育能力的发展。指导学生学会"先学"，需要转变教与学的观念，需要一定的方法。

1. 常规性先学

所谓常规性先学是让学生自己先对课文进行基本的学习，也就是熟读课文，初步了解课文内容，学习生字新词等学习任务。例如，学习朱自清的《匆匆》一文，教师可以课前布置以下先学内容：

（1）正确朗读课文两遍，读通、读顺。标出自然段，本文共有（　　　）个自然段。

（2）遇到不懂的词语利用工具书或联系上下文理解。

（3）默读课文，了解课文的主要内容，理清脉络。

（4）通过预习，找出需要和老师、同学探究的地方。

2. 引导性先学

所谓引导性先学，就是教师针对教材的教学目标、教学重难点、学生的已有生活经验等，设计收集材料、实践操作、社会调查等学习任务引导学生先自主地学习。这些学习任务能激发学生的好奇心，充满挑战性、趣味性和探索性。例如，学习《真理诞生于一百个问号之后》这篇课文之前，我要求学生熟读课文，找出文中列举的三个事例，并要求学生亲自去仔细观察和动手做实验，看看科学家的发现是否与事实相符。然后思考：科学家为什么能发现真理？他/她靠的是什么？让学生在实践中深有体会，他们才会在课堂上争着抢着各抒己见。

3. 拓展性先学

所谓拓展性先学，是指学生在自主学习教材的基础上，由教师指导阅读了解与教材内容相关的课外读物、材料，了解课文的写作背景，使学生更深入地学。例如，在学习《一夜的工作》这篇课文时，我要求学生课前搜集有关周恩来的资料，了解周恩来生活的时代，了解周恩来的丰功伟绩。学生通过课前的充分准备和交流，再来学习这篇课文，能更深刻地体会周恩来总理为国鞠躬尽瘁的崇高品质，对周恩来总理的崇敬之情也就油然而生。

总之，教师要相信学生的学习能力，更要注重学生学习能力的培养。实践证明，以"先学"为主，有助于学生良好学习习惯的养成，有利于学生自学能力的提高。

二、实施"后教"

学生已经超前"先学"了，教师如何"后教"？一是要建立课堂教学新常规。它有别于以往"教师讲学生听"枯燥单调的课堂制度。它倡导的是以学生为主体的、探究性的、创造性的、积极主动的学习模式，即通过学生与学生互动，通过学生思考、讨论、交流、探索，教师启发、补充、归纳、总结，使学生进一步加深对所学知识的理解。二是要引起学生学习意向。教师有意识地创设学生认知冲突情境，最大限度地激发学生学习欲望，让矛盾碰撞，让不同的思维擦出火花，使每一个学生都积极投入学习，而不是被动地接受知识。三是要尊重学生的选择，让学生的个性在课堂上得以张扬，引导学生畅谈己见，并学会倾听，学会思辨，学会补充，真正地实现高效课堂。

1. 让学生选择学习方式

"后教"的课堂应该是民主的、活跃的、生动的，要充分体现学生的主体地位。它不再是教师权威至上，而是尊重学生，让学生自主选择喜欢的学习方式来表现自我。所以，教师的教要为学生的学服务，要根据学生的认知需求、情感需要，创设各种情境引导学生学习；要针对学生提出的疑惑引导学生思考、讨论……如学习臧克家写的纪念鲁迅先生的诗歌《有的人》一文，学生在充分自学的基础上，以小组为单位选择自己喜欢的方式合作学习，有的小组分小节朗读，有的小组分角色进行对比朗读，还有的小组进行表演朗读……学生在一次次深情的朗读中，体会到了鲁迅先生为人民无私奉献的可贵精神，收到了良好的学习效果。

2. 提供必要的帮助

"后教"并不意味着对学生放任自流，教师适当地引导、及时地帮助很重要。课堂上，当学生思维没有方向时，教师给予指点迷津，确立航标；当学生思维受阻时，教师给予铺路架桥，纠正错误；当学生思维固化时，教师给予侧向、发散的启发；当学生思维偏离轨道时，教师给予正面牵引；当学生思维"山穷水尽"时，教师给予"柳暗花明"的启示。

3. 促进交往互动

"先学后教"的课堂教学注重通过交往互动发展来提升学生的交往能力。互动即师生互动、生生互动、生本互动。教师要让学生在不同的互动中发现问题，并解决问题。例如，学习《鹿和狼的故事》这篇课文时，学生通过解读文本、通过辩论懂得了人类要尊重生物之间相互制约、相互联系的关系，懂得维护生态平衡的重要性。

综上所述，"先学后教"的教学模式打破了传统"满堂灌"的落后陈旧的教学模式，学生从被动地接受知识中解脱出来，其个性特长得以发展。"先学后教"充分调动了学生学习的积极性，学生在学习中体会到了乐趣，感受到了成功的喜悦，相信"先学后教"教学模式的成功运用定能为我们的语文教学增光添彩。

参考文献

中华人民共和国教育部制定.小学语文新课程标准［M］.北京：北京师范大学出版社，2006.

❖❖ 以《导学案》为抓手实施小学语文高年级"先学后教"的模式 ❖❖

广东省汕尾市海丰县海城镇城西小学　郑燕山

俗话说："只有状元学生，没有状元老师。"教师教得好未必学生学得好，单就教学这个层面来讲，让每个位学生都学得好才是课堂教学应该追求的目标。教学一切成果的呈现都必须指向学生的学，落实到学生的学，促进学生的学。在高效课堂上，体现"以学为本"不应只是一种理念和口号，而应变为实实在在的行动。那么如何落实"以学为本"？可以用四句话来诠释：以学定教，以教导学，以评促学，自学为主。下面我们来探讨"先学后教"的教学方法。

教学本应是教师、学生、教学媒体、教学环境等基本要素构成的"教学共同体"，然而现实却将其变成了教学单一体，学生的自主性、创造性缺失，主体性也被压抑，这是导致学生厌学的症结所在。在现代教学理念的冲击下，"三中心"至少在理论层面上轰然坍塌，但在教师实际的教学行为上，由于长期受传统教学观念的束缚，其影响很难根除。所以，规范教师的教学行为，确立"先学后教"的基本原则方为课堂教学之正途，研究"先学后教"的教学结构、教学策略和方式方法成为课堂教学之必然途径。

高效课堂上，"先学后教"是教师教学的基本尺码。教只是手段，学才是目的。教师的一切教学行为都应本着"一切为了学生的学，一切有利于学生的学，一切促进学生的学"，恰当地确立教学的目标要求，合理选择教学策略、方法，灵活地调节教学的内容和进程，使课堂教学的过程真正成为学生自主探究和主动发展的过程。教最终是为了不教，这样的学习才是最成功的学习，这样的教学才是最成功的教学。

那么课堂教与学的问题，究竟涉及哪些问题？在这里，我们要特别关注学生的"六学"问题和教师的"四教"问题。所谓"六学"是指：在哪里学（空间）？学多久（时间）？为什么学（学情调查）？学什么（目标与内容）？如何学（学习策略）？学得怎样（评价）？所谓"四教"是指：为什么教？教什么？如何教？教得怎样？这"六学"和"四教"所表达的内涵很丰富，这里无法一一展开来讲，但是总的来说，"四教"要依"六学"而定。"先学后教"就是要以学的方式定教的方式，以学的内容定教的内容，以学的进度定教的进度。先学后教，顺学而教，不教而学，方为教学之道。

先学后教，关键是抓落实。那么，如何抓落实呢？

一、学情调查是落实"先学后教"的前提

教师做好学情调查，合理确定教学起点是落实"先学后教"的前提条件，这是最关键的问题。然而这恰恰是教师在课堂教学中最容易忽视的问题。教师的教学由于缺乏对学情的全面了解和掌握，导致在许多情况下教学的低效甚至无效。一堂课下来，该解决的问题没有解决，学生依然停留在课前的认知基础和认知水平上。要做好学情调查，教师务必弄明白三个问题：学生已经知道了什么？学生还想知道什么？学生自己能够解决什么？

需要强调的是，学情调查的问题，不单指课前的一次性结果性调查，它应该是贯穿高效课堂每个教学环节的过程性调查，前一个环节是后一个环节教学内容、教学方式方法设计的基础和依据。比如，课前，教师可以通过抽查学习小组自学完成导学案的情况，来确定这堂课的教学起点；课中，教师要在学生对学、群学时，通过巡视指导或小组汇报等形式来把握学习进程和问题解决情况，并以此调整教师课前预设的教学方案，删除无效教学内容，减少不必要的教学环节，适当调整教学进程，选取更有效的教学方式和方法；课后进行的学情调查是学习小组内通过对子帮扶自查或互查后，教师进行"二次复查"的过程。是对课中的延续和总结反思的过程，也是与课前调查衔接的过程。

二、导学案是落实"先学后教"的抓手

凡是进行高效课堂教学改革的学校都深知导学案在高效课堂上发挥着至关重要的作用，它被称为学生学习的路线图、导航仪。一份好的导学案可以同

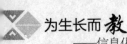

时实现导、学、练、测、评、思（反思）、纠（纠错）等功能。正是有了导学案，才使得教师的指导前置，学生的学习前置，学习的问题前置，问题的解决方案前置。这样的课堂，学生的学习才有可能是有效的，乃至是高效的。

导学案在整个高效课堂的教学中变成了学生形成学习能力的有效载体，变成了教师落实"先学后教"的有力抓手。无论是确定"先学后教"的内容，还是教学进程、教学方式方法，乃至具体的教学对象，都可以通过导学案来确定。包括上面谈到的学情调查，其中导学案起到了不可替代的作用。不过，导学案的设计切忌变成习题集、问题集、教辅资料等，那样便丧失了导学案的真正功能，也失去了导学案中存在的真正价值和意义。这也是有些人感觉导学案无用的原因，其实不是导学案无用，而是导学案在设计上出了问题。

三、独学、对学、群学是落实"先学后教"的手段

说白了，先学后教必须最终落实到学生的"学"上来。就学习方式而言，新课程理念特别强调了自主、合作、探究。我们在高效课堂上为了便于操作，以独学、对学、群学的组合方式将这一学习方式具体化、细化。"独学"强调的是学生独立自主的学习；"对学"通常指小组内同层次的两名或三名学生间的合作性学习，俗话说"三个臭皮匠顶一个诸葛亮"；群学则是体现"一帮一"结对子帮扶学习，是在对学无法解决某些问题的情况下所采取的学习形式。由独学到对学、群学的过程通常体现了由个性问题到共性问题解决的过程，也体现了难度逐级提升的问题得以解决的过程。

先学后教，要特别关注每一个学生的学习状态、学习进程和学习需要，利用个别化指导和小组学习形式，开展好独学、对学和群学，随时调整、指导学生学习策略，学生"独学"能会的不教，学生"对学"能会的不教，结对子帮扶能会的不教，学生合作探究能解决的也不教。所以，教师应"吝教"，"懒"先生才能教出勤学生，直至最后达到"教是为了不教"。亦如庄子所言："不言之教，无为之益，天下稀及之。"

"先学后教"在具体的课堂教学中如何体现？

"先学后教"在课堂教学中可以采取"导学案"的教学策略，"先学后教"从根本上改变了传统教育重教师"教"轻学生"学"的做法，突出了学生的主体地位，使学生主动学习，学会学习，培养学生自主学习能力。

（一）"先学后教"的基本程序

1. 课前，预设学习提纲

在学生自主探究学习之前，教师要从宏观上对学生的学习给予必要的指导和点拨，这是"学前导"。教师要在学生学习之前发挥好"导向"作用，就必须认真钻研教材，精心预设教学流程，分析学生实际情况，包括了解学生的原有知识、兴趣、需求及可能出现的问题等情况。教师依据教学的内容和学生的大体情况，有针对性地预设应指导的具体内容，其中包括学法的指导。需要注意的是这里教师预设的是"学习提纲"，不是"教学提纲"，也不是"学习方案"，是要对学生的学习发挥"导"的作用，而不是"牵"的作用。所以，教师首先想到的不应是我该教什么、怎样教的问题，而应是学生会学什么，会怎样学的问题。学习提纲应侧重点拨关键、启发问题、激发兴趣，其目的是引导学生能进入自主的、探究式的学习状态。

2. 课中，思考学生如何学

这是"先学后教"教学法实施的中心环节，是学生自主学习、主动参与教学活动的集中体现。学生可以根据教师预设的学习提纲，进行自主探究学习，从而使学习过程更多地成为学生自我发现问题、自我分析问题、自我解决问题的过程。在这一学习过程中，教师一方面可以充分调动和发挥学生作为学习主体的主观能动性，提倡学生采用多样化的学习方式，使学生富有个性地学习；另一方面，也要促使学生之间的自主交流与自主合作，鼓励学生展开讨论、辩论，发表各自不同的见解，促进学生共同发展。通过自我对学习方案的设计和落实，学生有了独立思考和自我实践的足够时间和空间。学生学习方案的设计和实施虽然是一种自主行为，教师把学习的主动权交给了学生，但这并不意味着教师对学生学习的放任自流。这一过程无论是在课下还是在课堂上完成，教师都应积极地参与其中，并给予必要的指导，形成师生间双向的、能动的交流，从而保证学习的质量和效果。同时，教师通过参与学生的学习活动，能及时地、动态地把握学生的学习信息，为确定和调整自己的教学方案提供可靠的依据。

3. 学后，考虑教师如何导

在学生自主学习之后，教师对学生的学习情况基本上做到心中有数。在这一环节中，教师要根据学生的学习实际，充分考虑教学对象的复杂性、教学内

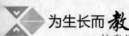

容的灵活性、教学方法的多样性和教学环境的随机性，创造性地设计和实施教学方案。主要是帮助学生分析和解答在学习过程中存在的疑难问题，纠正学生的一些错误理解和认识，适当补充一些新的教学内容或学生需要的、感兴趣的知识等。在这一过程中，教师的作用仍是"导"，是"学后导"，而不是教师在课堂上唱"独角戏"搞"一言堂"，"教学方案"不是把现成的答案压给学生。对于学生在学习过程中出现的一些问题，教师要根据学生的知识和能力水平，尽力地引导学生进行自我再分析、再讨论、再归纳，使学生逐步登上最后一个台阶，得出正确的结论，最终自我解决问题。还有一点，就是教师应当鼓励学生对书本的质疑和对教师的超越，赞赏一些学生的独特性和富有个性的理解和表达，这有利于培养学生的创新品质。

（二）"先学后教"实现两种转变

"先学后教"能真正落实学生的主体地位，让学生去自学、去尝试、去探究、去发现、去解决。然后教师根据学生的自学情况进行点拨引导，从而实现以下两种转变：

1. 先学后教——变"学会"为"会学"

众所周知，教师的"教"是为了学生的"学"服务的。著名的教育家陶行知先生说过："我以为好的先生不是教书，不是教学生，乃是教学生学。"因此，教师必须变"教学生学会"为"指导学生会学"。新课程强调教学生学会学习，这就要求教师有强烈的"学法"意识。教学过程既是"教法"的实施，又是"学法"的体现。课堂教学过程应成为学生获取新知、掌握学法的过程，教师应通过示范引路使学生自悟学法，学生是在思维活动中学会思维的。教材内容蕴含着思想方法和思维活动，而且思维活动本身就是一个发展的过程。在课堂教学中，教师要通过示范给学生展示思维的过程，点燃学生思维灵感的火花，把凝结在知识背后的思维方法及思维发展过程展现出来。学习方法的指导要见缝插针，随时渗透，并引导学生去发现、去领悟。

2. 先学后教——变"被动"为"主动"

"施教之功，贵在引路，妙在开窍。"要开启学生通窍之门，就要让学生先学，然后依学施教。"先学后教"，即在课堂上教师揭示教学目标，指导学生动脑、动口、动手进行自学与尝试，暴露问题后，教师才给予点拨释疑，然后让学生进行练习，完成作业。由于学生学在先，学后发现问题，感到困惑，这样学生可以带着目标，带着"疑问"进入课堂，其求知内驱力增强。有时甚至无须教师启发诱导，学生的主体作用和内在潜能也能得以充分发挥。因此，为了让学生真正成为学习的主人，使教学的中心任务落在"学"层面上，而不是"教"的上面，我们教师应着力培养学生的自主意识，让学生在"自读、自练、自评"的过程中暴露问题，教师的作用在于有的放矢地"相机诱导"。在小学语文高年级课堂教学过程中，这个教学模式的程序是：出示这堂课的学习目标——出示这堂课的自学提示——学生根据自学提示自学、教师巡视发现学生自学中的问题——学生汇报自学结果（优先差生）——纠正、讨论、指导自学结果——学生完成当堂练习、教师当堂批改作业。这样，有利于培养学生主动学习的习惯，有效调动学生的学习积极性。

学生"先学"要做到"三明确"：即目标明确、学法明确、难点明确。教师"后教"也要做到"三明确"：其一，明确教什么，教学生不会的内容，教学生学会学习。其二，明确教的要求，教师不能就某个问题讲问题，而是应引导学生举一反三，触类旁通，并上升到理论的高度来认识，让学生不但知其然，而且要知其所以然，还要培养学生运用知识解决问题的能力。其三，要明确教的方式。"后教"不是教师唱"独角戏"，应该先让会讲的学生讲，学生不会讲时，教师才给予点拨引导。教师讲解要避免重复，力戒"教师讲一句，学生跟一句，教师讲一遍，学生重复一遍"。要紧缩教师讲的时间，保证学生有充足时间来完成课堂作业。当然"先学"与"后教"并不是相互割裂的关系，而是互相渗透、互相补充、辩证统一的整体。"先学"中可以适当地提问、点拨、启发、诱导，"后教"中也要充分发挥学生主体作用。一句话，先学后教，教会学生学习，教会学生开动脑筋，教会学生实际运用。这是"先学后教"所要达到的高效课堂的效果。

参考文献

［1］中华人民共和国教育部制定.小学语文新课程标准［M］.北京：北京师范大学出版社，2006.

［2］周跃德.课堂阅读教学"先学后教"方法探究［J］.教学与管理（理论版），2007（15）.

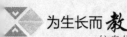
浅析信息化背景下小学语文高年级 "教与学"模式的有效性

广东省汕尾市海丰县海城镇中心小学　黄小健

一、准确理解小学语文教育的使命

语文课程作为一门义务教育阶段开设的基础性学科，蕴含着基础的语言元素和厚重的人文底蕴，是学生学习其他学科的基础。小学语文的教育使命在于通过义务教育阶段帮助学生掌握基本的语言认知能力、语言表达能力、语言交际能力，丰富学生的语言积累，培养起其对祖国语言文化的热爱之情。在此基础上进一步提升其阅读能力、写作能力及一定的逻辑思维能力，同时，语文还肩负着对中国优秀传统文化的传承及帮助学生树立正确的人生观、世界观、价值观，帮助学生养成正确的情感价值取向的使命。明晰小学语文的使命，其意义在于只有在掌握语文学科教育目的的基础上才能详细准确地调整"教"的内容与方式，并帮助学生设计对应的"学"的机制。

二、运用信息技术优化"教"的实效性

1. 通过信息技术合理设计"启发讨论式"教法

新课改一直强调教师要调动学生的学习兴趣，倡导启发式教学、讨论式教学，这种教学方式其意义在于培养学生自主学习的能力，通过学生自己动手搜集资料并对资料进行分析甄别来锻炼学生的逻辑分析能力，这本身也是一种学习。在信息化背景下，在授课过程中利用信息技术来开展"启发讨论式"教学，需要教师认真科学地设计授课环节。以课文《为人民服务》为例，这篇课文具有较为重要的思想导向的教育意义，故而教师在设计教学过程时应当有所侧重，为帮助学生理解"张思德精神"做好更为充分的准备。在授课中教师首先需要设置相关的教学情境，可以以电影《张思德》为课程的导入，学生在观影的过程中，教师可以选择性地进行讲解，并引导学生对"张思德是一个什么

样的人？""张思德精神有哪些内涵？"这些问题进行思考。将这个任务提前布置给学生，并指导学生在观影后简单制作关于电影的幻灯片，并分组进行小组演讲，这样既能调动学生的积极性，同时能推动学生深入了解张思德的宝贵品格，并给予时代化的诠释。

2. 通过信息技术合理设计"学科交叉式"教法

信息技术本身蕴含着大量丰富的教育与学习资源，它为语文教学提供了一个集"采集、分析、选择、分享、反馈、创造"等功能于一体的信息处理平台。在此基础上使得各个学科的边缘不再难以逾越，学科之间的交叉认知和交叉学习能有效提高对语文学科的认知和理解，同时对于提高其整体学科素养也会有不少益处。同样以《为人民服务》为例，这篇课文其实还包括了一定的历史知识和思政知识，通过信息技术收集这篇文章的创作背景，不仅帮助学生了解了这篇文章的时代背景，而且了解了党的思想具有重要的历史意义。这样，学生在学习课文背景知识的同时，掌握了那一特殊历史时期党的方针和思想，这种多学科交叉式认知学习让学生对文章拥有更为丰满的认知。这些教学环节和教法的设计都需要借助信息技术，进行充分的资料收集、选择和展示，它为师生提供了便捷的教与学的途径。

三、运用信息技术提高"学"的有效性

1. 运用信息技术培养学生想象力和感知力

如前文所述，信息技术的特点以其"形象化、多样性"等优势能通过视频、音乐、即时互动等形式呈现出学科知识，而这种知识表现形式能够给予学生较为真切的感知，烘托必要的情境氛围，有助于学生想象力和感知力的成长。在学习《为人民服务》时，通过影片来帮助学生全面客观地认知张思德这一模范人物。影片所呈现的时代背景包括革命先辈们艰苦的工作环境和乐观朴实坚毅的性格，影片通过演员的优质演绎重现了这一全心全意为人民服务的光辉形象。进一步展示出一代优秀革命先辈朴实高贵的精神，激励着一代又一代共产党人秉持着这一宗旨为广大人民群众的福祉而奋斗，为共产主义事业而奋斗，这种深层次的情感体悟需要教师合理运用信息技术来引导学生想象力和感知力的成长。

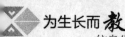

2. 运用信息技术培养学生发散思维能力

发散思维能力是学生在学习和生活中都需要重点掌握的一种思维能力，这种思维能力能培养学生多维度解决问题，捕捉更多的细节和有效信息，更好地处理学习和生活中的问题。比如，在学习古诗词《七步诗》时，通过多媒体展示作者曹植的生平及作这首诗的历史背景后，引导学生就"萁"和"豆"所代指的深意进行思考，体会作者写作时的心情。这种发散性思维的培养更能帮助学生理解诗中的深意，以及诗中所蕴含的感情。

四、结 语

小学阶段的学生对图像和音频这种形象化的信息表现形式有着独特的好奇心。图像和音频能吸引学生更多的注意力，合理利用这种教学手段，创新授课模式，能够有效提升"教"的工作成效，同时有助于学生"学"的效率的提高，从而实现"教与学"模式的进化，助力小学语文教育的良性发展。

参考文献

［1］张静波.探讨小学语文的教与学［J］.新课程（小学），2016（03）.

［2］胡灵利.利用信息技术优化小学语文教学［J］.信息教研周刊，2012（13）.

［3］徐安贞.小学语文教师信息化教学能力研究［J］.课外语文，2016（19）.

◆◆ 培养小学生阅读能力的有效性探究 ◆◆

广东省汕尾市海丰县海城镇中心小学　彭春松

苏霍姆林斯基说过："让学生变聪明的方法，不是补课，不是增加作业量，而是阅读，阅读，再阅读。"良好的阅读能力不但可以让学生积累丰富的语文知识、形成良好的语感，而且能让学生学会理解、鉴赏文学作品，从中受到高尚情操与高雅趣味的熏陶，进而丰富其情感体验，发展他们健康的个性。阅读教学是语文课堂教学的基本环节，阅读能力则是提高写作能力和听说能力的基础，是从事学习、工作的基础能力。培养和提高学生的阅读能力，已成为阅读教学的中心课题。

那么如何提高学生的阅读能力呢？我认为，在阅读教学中应真正体现"教是为了不教，学是为了会学"的重要思想，应着重培养学生的阅读兴趣，指导学生正确的阅读方法，培养学生养成良好的阅读习惯，以促进学生阅读能力的全面提高，促进学生潜能和素质的发展。

一、激发学生的阅读兴趣是培养学生阅读能力的前提

孔子说过："知之者不如好之者，好之者不如乐之者。"兴趣是最好的老师，兴趣的魅力是神奇的，它能调动学生内在的潜力，促使他们积极思考。也可以说兴趣是阅读的内驱力，有了这个动力，学生就会挤时间阅读，所以要培养学生的阅读能力，提高学生的阅读效率，关键还在于培养学生对阅读的兴趣。我在教学中主要采用了以下方式来激发学生的阅读兴趣：

1. 抓住上课伊始的有利时机，引发学生的阅读兴趣

以精彩的开场白或话题引发学生浓厚的兴趣，激起学生的好奇心和想象力，使之进入最佳状态，为整堂课拉开序幕，因为良好的开始是成功的一半。

2. 营造和谐的课堂氛围，保护学生的阅读兴趣

语文教学不仅是一个认识过程，而且也是一个情感活动过程。在课堂教学中，我时刻注意保持轻松愉快的氛围，充分满足学生叙述的愿望；真诚和蔼地对待每一个学生，把微笑带进课堂，将欢乐带给学生。

3. 开展丰富的课堂游戏，培养阅读兴趣

小学生活泼好动、喜爱表演。在低年级教学童话一类性质的课文时，可以让学生扮演文中的角色进行表演，中高年级可以让学生排演课本剧，在编一编、演一演的过程中使学生加深对课文的理解，这样既发展了学生的个性特长，又能使学生有个性化的体验和表达，从而达到享受阅读的乐趣，使学生在"乐中学，趣中获"。

4. 强化学生成功的喜悦感，巩固兴趣

教师要特别注重让学生体会成功感，因为成功越大，兴趣越大，动力也越大。当学生在某一方面获得了一点成功，他们也会像成人完成了一个重大科研项目一样感到高兴，继而对阅读产生浓厚的兴趣并获得巨大的内驱力，驱使他们向进一步的成功迈进，从而形成稳定而持续的阅读兴趣。我在教学中尽可能

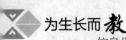

多地创设竞争和成功的机会，让学生体会到通过自身努力取得成功的快乐，感受到努力的价值。

二、教给学生阅读方法，使学生学会阅读，是培养学生阅读能力的关键

叶圣陶老先生曾经说过："语文教材无非是例子，凭这个例子要使学生能够举一反三，练成阅读和作文的熟练技能。"这就提示我们，阅读教学担负着培养学生"学"的能力的重任，它是语文这门基础工具课的基础教学。作为基础教学，不能只使学生学得一些现成知识，而应着力于发展学生的能力，切实地教会学生学习，掌握运用学习的工具和方法。

1. 初读课文阶段

学生初读课文，题目首先映入眼帘，教师要教如何理解题意的方法。例如，《索溪峪的野》一课，可教抓关键词体会内容的方法；《宇宙生命之谜》可教抓思路的方法；针对不同课文，还可以教给以内容、中心人物语言等不同类型命题的方法。开始读文章时，教师应教学生读得慢些，使其做到眼到、口到、心到，重点放在读准字音和读得通顺上。教学生熟练运用字（词）典，自己去学习生字词。遇到难理解的词语，可以用分解词素、组词、换词、联系上下文等方法去解决。在初步读通课文的基础上，再要求学生按自然段去理解内容梗概，教给诸如摘取重点词语、分析句子关系、层意归纳等概括方法。在读懂自然段落以后，进而学习把握全篇文章思路、脉络。此时，要教会学生认识段与段的联系，学会划分段落的方法。在学生初读的过程中，教会学生读书方法，会提高学生的初读能力。

2. 品读课文阶段

在学生掌握了初读课文的方法后，还要教如何比较深刻地理解课文。学会品读文章的方法。

（1）要教会学生如何了解各段在全文中的作用，明白读书要领会其中的线索，把握作者的思路。例如，《林海》一课，教学生从段与段的关系去理解为什么说大兴安岭的确含有兴国安邦的意义，进而理解文章思路。

（2）教会学生品读重点段落。在品读重点段落时，教师指导下的读书、思考、交流、练习应当成为教学的基本环节。例如，《林海》一课，首先要引导

学生理解语句表达的意思。其中一些比喻句、拟人句则更应指导学生理解其重点，如让学生从内容上体会"海洋"指什么，"白色浪花"指什么。其次，还要引导学生理解重点语句，启发学生想象语句所描述的情景，如"群岭起伏是林海的波浪"是什么样子？"青松作山，白桦为裙，还穿着绣花鞋"是怎样一幅画面？要让学生眼前浮现出一幅幅图画。

3. 总结课文阶段

在学生掌握了品读文章的方法之后，还要教会学生对全文进行归纳、总结。例如，《林海》一课，教师可先让学生在通读的基础上，找到三次讲"亲切、舒服"的句子，然后指导学生联系上下文，说说作者每一次是在什么情况下产生"亲切、舒服"的感受的；让学生把三次感受联系起来，使学生感受大兴安岭那种特有的温柔的美。在其他课文教学中，也可以根据不同特点教诸如文题启示、抓重点句、理解重点段、理解全篇中心的归纳方法，还可以把课文中的重点或精彩词句、段落摘抄于笔记中。当然，教师应教学生怎样归纳、总结，怎样摘录，并提示项目，指点疑难，培养学生记笔记的习惯和能力。

可以说，每种具体的阅读方法都具有其特点和作用，它们组成一定的体系。指点"学法"应该有计划、有步骤地反映在阅读教学中，培养学生必要的阅读迁移能力，使学生此时此地读此篇，必领会其一二；彼时彼地读彼篇，必有学法可遵循。

三、培养良好的阅读习惯，是提高学生阅读能力的根本

古人云："授人以鱼，仅供一饭之需；授人以渔，则终生受用无穷。"因此，要使学生提高阅读能力，掌握良好的读书方法，养成良好的阅读习惯尤为重要。

1. 培养学生认真阅读的习惯

从表面上看，阅读就是用眼睛看，实际上，阅读是一个处理信息极其复杂的心理过程，有效的阅读要求小学生不仅用眼睛看，而且用嘴"看"，用手"看"，更要用"心"看。特别是对课文及一些有启迪作用的好作品，不能走马观花，需用心体会，圈点批注，认真思索，真正做到"不动笔墨不读书。"

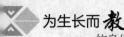

2. 培养学生善于质疑的阅读习惯

"学贵有疑"，疑是探求新知的开始，也是探求新知的动力。不断发现问题、提出问题是一个人思维活跃的表现，质疑蕴含着创新的因素。每教学一篇课文，我就想办法让学生提出不懂的问题，让学生带着问题去读，这样学生就学得比较主动了。久而久之，学生学会了质疑，有了疑，学生就会产生求知欲，从而进入一种积极探索的状态，真正成为学习的主人。这样，学生就会逐步养成良好的阅读习惯，形成了阅读能力。

总而言之，培养学生的阅读能力是一个艰难而漫长的过程。我们只有在循序渐进中开阔学生的视野，拓展学生的知识面，才能提高阅读能力，才能让学生们都能乘上书籍这艘巨帆，在阅读中尽情遨游于知识的海洋。

参考文献

［1］仇成敏.小学生语文阅读教学中学生自主探究能力的培养［J］.考试周刊，2016（70）.

［2］宁静.提高小学生语文阅读能力的几点做法［J］.新课程（上），2015（09）.

［3］樊永军.浅议小学生语文阅读能力的培养［J］.课程教育研究，2015（17）.

◆◆ 信息化语境下小学语文的"教与学"模式的创新构造 ◆◆

广东省汕尾市海丰县海城镇中心小学　刘小波

一、传统小学语文授课模式面临的问题

小学语文重在培养学生基础的听说读写能力和一定的语言表达能力，但在小学的高年级，即五、六年级，就不能仅限于这种基础语文素养的培养了，还应当注重较深层次的语言理解和初级的文学创造能力。在这种教学目标的要求

下，传统的"以教材为主体，以教师为中心，学生被动接收"的小学语文授课模式已然不能有效满足这一要求。新的课改目标要求培养学生自主探究学习的能力和以学生为主体的教学模式转向，这是政策的导向要求，同时在信息技术日益融入教学模式的大背景下，利用信息技术的丰富资源和多彩具象化的特点创新课堂授课模式，是一种现代课堂演变的必然趋势，也是提升小学语文教学实效的有效策略。

二、信息化课堂的优势

信息化技术在21世纪初就已逐步出现在中小学的课堂，随着基础设施的逐步完善及信息化技术的不断优化和进步，信息化课堂的改造已日臻成熟。但是对于如何有效利用信息化，如何应用这一技术，甚至是要不要启用信息化技术，这些问题很多一线的教育工作者都有着不同的理解。

必须指出：信息化走进课堂是一种时代发展的必然趋势，合理科学地应用这一技术也是改造传统课堂的必然要求。在小学教育阶段，基于小学学生的心理认知能力和对知识的接收学习特点，信息化技术显得更为重要。具体到小学的语文授课而言，一方面，信息化所包含的海量的教学资源能够有效补充课本知识的盲点，帮助学生和老师增加不断更新的知识，并且以音视为主要呈现模式的网络教学资源能够激发学生的学习兴趣，这种具体化形象化的画面和知识信息能够加强学生的记忆和理解；另一方面，课堂网络平台的构建能够实现教师之间教学心得的沟通互补，以及优质教学资源的共享，在某种程度上促进教育公平。

三、信息化语境下小学语文"教与学"模式的调整策略

1. 创设教学情境，优化课堂导入，提升"教"的实效

创设教学情境是提高课堂教学实效的有效方式，利用信息化技术能够构造合理的教学情境，结合授课内容，引导学生进入教学情境，能从情感上和具象化的形象理解上加深对课堂知识的印象。再者，信息化课堂中丰富的网络课堂资源能为学生提供相关的背景知识，拓展学生的知识视野，有助于学生构建有益的知识体系，增强文史知识，提升阅读理解能力和写作技巧。

以《古诗三首》中的《夜泊瓜洲》为例，将古诗词引入小学的教材中意在

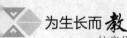

培养学生的文言文素养和对中国古代优秀文化的承继，在小学阶段古诗词的教学不能仅仅限于背诵，还要在一定程度上理解古诗词的寓意及情感表达技巧，掌握优秀古诗词所蕴含的背景知识。在某种程度上，这种教学目标对于广大教师来说有一定难度，因为小学阶段的学生缺乏一定的文史背景知识，在理解古诗词所表达的意境上比较困难。故而此种情况应利用信息技术为学生讲解古诗创作的时代背景，通过视频或者相关影视资料对王安石所处的时代进行再现，使学生了解诗人的生平，以及一心改革，根治"三冗"的政治抱负。通过形象的历史再现，帮助学生理解诗人写下这首诗时的复杂心情，更能使其在字里行间体会到古诗所表达的情感。能够理解"春风又绿江南岸，明月何时照我还"中"绿"字的妙用，更能体会诗人欣喜于被朝廷再度启用，有机会一展胸中抱负，同时忧虑何时能归还家乡退隐乡野的复杂心情。这种抽象复杂的诗中意境和情感，单纯靠诗词的诵读和教师的讲解，学生很难理解其中深意，必须借助信息化手段为学生创设形象化的情境，才能帮学生更好地掌握诗中深意，同时有助于记忆。

2. 合理利用"网络课堂"，提升"学"的实效

如前文所述，新课改要求重视学生的主体地位，学习的主体是学生，培养学生自主学习、探究学习的能力。在"教与学"模式的改造中不仅仅要利用信息技术优化教师"教"的能力，提升课堂的实效，还要利用信息技术提升学生"学"的能力。现代信息化发展迅速，学生对于多媒体和信息化媒介有较大兴趣，教师在授课过程中为学生合理设计课前准备任务和探究学习的合理命题，引导学生有针对性地利用网络资源开展学习；课后再结合网络资源为学生布置相关的学习任务，帮助学生选择优质网络资源自主学习，进而温故知新，在调动学生学习兴趣的同时提高学习效率。

四、结 语

在"教与学"模式的构造中，不仅要利用信息化技术的优势在"教"和"学"中同时发力，使得两者不偏废，尤其注意不能忽视利用信息技术调动学生学习兴趣，培养其自主学习能力。而且还应关注"教"与"学"之间的互动，学生与老师之间应该构造起良性的沟通互促的关系，学生与教师之间互动和及时沟通是十分必要的，以新课改目标要求为导向，以一线教师经验为基石，借助信息化技术创新"教与学"模式，应当成为当前小学语文教学模式转变所应关注的重点。

参考文献

［1］韩利军.现代信息化技术与小学语文的整合［J］.中小学电教，2011（06）.

［2］徐洋.基于导学为基点的小学语文信息化教学设计探究［J］.语文教育，2015.

［3］张秋宏.信息化环境下中职语文课教与学方式的探讨［J］.学周刊，2014（09）.

浅谈在小学语文教学中怎样有效地引导学生提出问题

广东省汕尾市海丰县海城镇中心小学　罗　悦

创新源于问题，问题推动发展。爱因斯坦有句名言："提出一个问题比解决一个问题更为重要。"《语文课程标准》要求学生："对课文的内容和表达有自己的心得，能提出自己的看法和疑问，并能运用合作的方式，共同探讨疑难问题。"美国著名学者布鲁巴克也很精辟地指出："最精湛的教学艺术，遵循的最高准则就是让学生自己提问题。"在实际教学中，教师应该怎样有效地引导学生提出问题呢？

一、为学生创造环境，让学生敢于发问，乐于发问

"好问"是孩子的天性，他们对眼前发生的事都会问"为什么"，甚至打破砂锅问到底，而我们家长、教师却有时觉得反感、不屑一顾，这很有可能扼杀了一个孩子的发展。其实这种"好问"的精神正是打开知识大门的钥匙，也是一个创新人才所必须具备的。但是天真可爱的孩子跨入校门，随着其年龄的增长，"问题"越来越少了。究其原因，其问题在于我们教师，以及传统的教

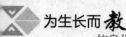

学模式。

创设恰当的问题情境促使学生发现并提出问题，这对于学生问题意识的培养具有重要的作用。创设问题情境应是一个由教师具体引导到学生独立发现和提出问题的渐进过程。教师要根据学生已有的知识和教学目的设置与学生原有的认知发生冲突但又处于学生的最近学习的问题，使学生的思维处于一种心求通而不得，口欲言而不能的"愤""悱"状态，激起学生的积极思维和探究欲望。情境的创设，可采用知识生活化、演示的比较、故事诱思、图片操作、竞赛或游戏等方式，让学生感到喜闻乐见，密切联系生活实际。同时，教师必须创设一种互相尊重、理解、和谐的学习气氛，把微笑带进课堂，用真诚的微笑、和蔼的教态、饱满的精神和良好的情绪，不断加强师生间的情感交流。教学中要及时表扬、鼓励学生的发问，即使学生提出一些很简单的问题，甚至是一些幼稚可笑的问题，教师都要给予鼓励，尤其是对学困生。教师要消除学生怕提问、怕师生嘲笑的心理负担，让学生大胆地问。

二、让学生成为课堂的主人，让每个学生都参与到提问中来，感受成功的喜悦

《语文课程标准》强调教育是为了让学生更好地发展，教师是为学生的学习服务的，要让学生成为课堂的主人。在课堂上，师生关系是平等的，教师要将学生看作一个完整而又充满活力的人，充分尊重学生，相信学生，鼓励学生。教师对于学生提出的问题，要认真倾听，即使个别学生的问题有明显的错误也要积极帮助，而不是嘲讽，要充分保护学生的自尊心和求知欲。教师还要努力寻找学生提问中的闪光点并及时加以表扬和肯定，让学生感受到成功的喜悦与被尊重的快乐，进而养成爱提问的习惯。对于学生各种奇怪的想法，教师要客观耐心地引导学生，同时营造出师生平等、宽松和谐的教学环境，学生就敢于提出自己的真实想法，就会提出自己的疑问。

教师在创设问题情境后，要留给学生一段等待的时间，让学生明确"问题"到底是什么，其目的是什么，由问题到目的应扫除哪些障碍，要联系到哪些已有知识。学生明白这些以后，才可能提出问题。在这段等待的时间里，学生可以分组讨论，以明确提出问题的努力方向。而等待的时间，应由问题的难易程度及学生对问题的熟知程度而定。提出问题的机会，也应均等地分给学

生，让每个学生都参与到提问中来。应尽量让学生提出问题，因为学生提出问题的过程是锻炼学生问题意识的重要阶段，由学生提出的问题就可以看出学生是否真正把握了问题的特征。学生若能提出高质量的问题，则说明学生已把握了问题的真谛，反之，则要分析原因，继续引导，直至学生能够在总体上准确把握问题。

三、培养敏锐的发现问题的能力，使学生善问

"学成于思，思源于疑。"人的思维是从发现问题开始的。培养学生发现问题，提出有针对性的、高质量的问题，对于学生个性品格的形成和智力的开发都具有很高的价值。学生提出的问题，正是学生迫切需要解决的。如果教师的教学以学生提出的问题教学，定会事半功倍。发现问题是创造的起点，没有问题意识，就没有创造性。

1. 找题眼

例如学习，《草船借箭》一课，学生问：（1）谁向谁借？（2）为什么借？（3）怎样借？这一系列问题就会引起学生认识上的冲突，激起其探究欲望。学生有了求疑解题的心理，就能积极参与课堂教学活动，就能积极主动地参与学习、讨论，积极举手发言。

2. 抓中心词句

例如，《草船借箭》一课的中心句："周瑜长叹一声，说：'诸葛亮神机妙算，我真比不上他！'"一学生由此提出：（1）诸葛亮敢于用草船借箭，他算对了什么？（2）从"神机妙算"中看出诸葛亮是怎样的一个人？

3. 揭矛盾

例如，《十里长街送总理》中说："一位满头银发的老奶奶，双手拄着拐杖，背靠着一棵槐树，焦急而又耐心地等待着。"这句中老奶奶为什么焦急？为什么又能耐心地等待？我启发学生很好地动一番脑筋来解决这个矛盾。学生的思考从谬误一步步走向正确，从浅薄一步步走向深刻。可见，对矛盾处进行质疑是解决问题的不竭动力。

4. 比好坏

例如，《荷花》一课有句话：白荷花在这些大圆盘之间冒出来。学生问："为什么不用'长'而用'冒'"？通过讨论可以让学生体会到祖国文字的

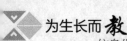

博大精深。

5. 抓感兴趣的部分

例如，《凡卡》这篇课文，最后凡卡寄出一封信。由此，一学生问："凡卡的信能收到吗？"从而引导学生展开激烈的讨论。又如，《田忌赛马》一文，有学生问："同样的马匹，为什么只调换了一下马出场的顺序，就可以转败为胜呢？"

除了上面的内容，还应教会学生大胆地围绕课中插图、课中标点、课中空白等内容提出疑问。学生提出的问题，有的是浅层次的，没有多大的思维价值；有的是深层次的，具有较高和很高的思考价值。这就要求教师具有分辨问题高低的能力，能在短时间内把学生所提的问题梳理出来。这样逐渐培养学生把问题提到点子上，善于在关键处提出问题的能力。

四、鼓励学生带着新问题走出课堂

传统的教学是把问题在课堂上弄懂，走出课堂就没有问题了。其实，这是片面的教学观。现代的教学理论认为，问题的解决并不是教学的根本目的，不能满足于学生已经掌握了多少个问题的答案，而是在获得结论的同时，鼓励学生自主地提出新的问题，使其带着新问题走出课堂，并想办法解决，体现"大语文"教学观。

1. 结课的艺术

在给一堂课下结束语时，有意识地给学生留下"言尽而意无穷"的意境，让学生去思考、去幻想。例如，学习《观潮》一文时，做了如下结尾："今天，我们如临其境，观赏了被称为天下奇观的钱塘江大潮。我们通过有感情地朗读，理解并积累了好些语句，还学着用了用。你们学得真棒，那作者为什么还要写潮来前、潮过后呢？我们下节课继续学习。"

2. 设计拓展性练习

例如，《称象》结课时，教师可提出问题：你们还知道哪些反映人的智慧的故事？（司马光、诸葛亮）还想知道曹冲的其他故事吗？让学生走出课堂去寻找。

实践证明：只要启发得当，学生是能够抓住课文的重点和难点提出问题的。让学生自己发现问题，比教师主观设计大大小小的问题，更能激发学生学习的主动性和积极性。更重要的是，它从根本上改变了学生等待老师传授知识，消除学生学习上的依赖心理，使学生成为主动探索者，把学习的潜力充分发掘出来。正如叶圣陶所说："上课之时主动求知，主动练，不徒坐听老师之讲说。"只有让学生"靠自己的能力"去学习，自觉学习，才能学会生存，形成独立自尊的健全人格。

浅谈"思维导图"在小学语文教学中的合理运用
——十二五"信息化环境下小学语文高年级教与学的有效性研究"

广东省汕尾市海丰县海城镇中心小学　徐秋群

思维导图在培养小学生的语文素养及提升小学生学习能力上发挥着重要作用。简洁直观的图文有利于引导学生进行独立思考，培养学生的思维发散力，提高学生的自主创新能力，使学生自身潜能得到有效激发。思维导图在语文阅读教学、写作教学等方面都能发挥积极作用，它用简单的结构凝炼出关键词句，有助于学生快速识记，也有利于提高其思维转变速率。因而，将思维导图运用于语文教学中，不失为建设高效课堂的好方法。

一、思维导图在阅读教学中的运用

语文的文章阅读在于理解，而理解的前提便是根据文章内容理清文章的思路，从而更好地把握主旨大意。在阅读教学中引入思维导图，有利于将文章中的重点事件记录下来，尤其是在讲解篇幅较长的文章时，引入思维导图，可以快速帮助学生梳理出文章的文脉思路，提高学生对文章的识记能力。例如，在指导学生预习《狐假虎威》时，教师可以引导学生将老虎和狐狸这两个关键对象列为思维导图的中心，进而按故事发展顺序进行思维导图架构的完善，引导学生了解故事的发展脉络。在课堂上运用思维导图讲解文章内容，也能在一定程度上促使学生主动去思考和领悟其中的主旨，加深其对文章的理解。教师还可以将思维导图变成一个问题不断贯穿的结构，让学生在不断回答一个个问题的过程中，提高学习热情。

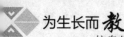
二、思维导图在写作教学中的运用

写作对逻辑思维的要求非常高，很多小学生在谈及作文写作时往往感到迷茫和恐惧。小学作文往往以流水账或东拼西凑的形式出现，这样不仅无法表达真情实感，逻辑思维更无从谈起。因而，教师要起主导作用，引导学生在写作之前画好思维导图，将其联想到的相关主题材料放入所画的思维导图的框架中，经过整合筛选和排序，最后进行写作。例如，在以《我最难忘的事》为题写作时，要引导学生将关键人物放于思维导图的中心位置，并鼓励其发散思维联想触动内心的事件，考虑在写作中是否要先描写人物的性格特征或外貌，向读者展现一个鲜活的人物形象，再进行相关细节的描写，最后进行总结概括，表达自己的难忘之处或赞美之情。思维导图的引入，可以让学生的写作思路更加清晰，做到有的放矢。另外，思维导图并非局限于单个人完成，"三个臭皮匠，赛过诸葛亮"，将多名学生组成一个小组进行思维导图绘制，更有利于拓展思维的广度，丰富写作内容。

三、思维导图在口语交际教学中的运用

演讲与口才并不是与生俱来的，而是经过后天的不断锻炼得到的，思维导图有利于让演讲内容更加富有条理。在教学过程中，教师要以自身作则，多运用思维导图来进行演讲。例如，教师以《成功并没有你想象中的那么难》这一主题进行演讲时，可以利用多媒体平台展示演讲主题的思维导图，将演讲的观点放于导图的中心位置，而后分裂出多个事例来证明论据的真实性，让学生更明了思维导图在演讲中的实际运用。演讲并非宣读，运用更简便的技巧识记演讲稿，做到脱稿演讲，才能更好地锻炼自己的口才。

四、思维导图在语文复习中的运用

思维导图可以在有限的时间内完成语文知识的架构，让学生明了各知识点之间的联系，加深对知识点的理解记忆，提升复习效率，提高学生的语文成绩。思维导图多为放射状结构，利于学生将知识面扩大，归纳整合形成一个完整的知识体系，同时能让学生的思维得到发散，由一个知识点延伸到另一个知识点，形成清晰的思维意识，从而提高语文复习的针对性和有效性。例如，对

一篇文章进行复习，利用思维导图的方式则可以将文章中的生僻字词、多音字，以及文章的概要和主旨简洁地罗列出来，对于往后课文中出现的同样字词则可通过思维导图进行联系记忆，大大提高学习的效率！

总而言之，将思维导图引入课堂是语文教学中的一次探索，也是对教学模式的创新，其直观明了的架构也给予了师生更清晰的脉络。在语文的阅读、写作及口语交际等各个学习模块中，思维导图都为学生提供了更清晰的架构，便于学生更好地梳理冗长的文章，也为师生快速识记和语言表达提供了便利。但是，思维导图的教学方式尚未成熟，需要更多的探索和创新才能发挥其更大的效用。因而，广大教师要积极地运用思维导图进行教学，并在发现不足的过程中不断完善教学方式，以取得更好的教学质量。

参考文献

［1］陈建霞.论思维导图在语文教学中的应用［J］.湖北广播电视大学学报，2017（5），185–188.

［2］郭建文.在小学语文教学中使用思维导图促进学生思维发展的方法研究［J］.中国校外教育，2013（29）：43–43.

［3］汤铭.促进学生"创新思维"发展的思维导图教学研究［D］.上海师范大学数理信息学院，2015，190–192.

❖❖ 信息化环境下学生自主学习模式的构建策略 ❖❖

——十二五"信息化环境下小学语文高年级教与学的有效性研究"

广东省汕尾市海丰县海城镇中心小学　林振华

一、问题的提出

新课改要求革新传统授课模式，转变教学观念，提高学生在课堂中的主体地位，培养学生自主学习能力。与自主学习相对应的是传统的接受性学习，自主学习强调引导学生通过自主收集资料、分析、探索，进而完成对知识的深度

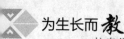

学习，是对学生学习能力的一种锻炼和延伸。自主学习的提倡在某种程度上也是基于信息技术给教育环境带来的革新，这种变化带来了技术性的优势，同时是培养学生自主学习能力的一个重要机遇。如何有效利用信息技术培养学生的自主学习能力？教师在教学环节怎样开展引导，才能切实提高学生自主学习能力？这些都是需要深入探讨的问题。

二、信息化环境对学生自主学习的影响

信息化技术为教育环境带来的革新极大地便利了教师的教学活动，也为学生开展自主学习提供了必备的硬件支持。在网络尚未普及之时，学生获取教学资源的途径多来自教师的课堂讲授和有限的教辅资料，这种环境下的自主学习更多地表现为对教材的记忆和习题的联系，对于培养学生"发现问题、分析问题、解决问题"的综合学习能力作用甚微。

随着信息化技术的全面普及，教育资源的获取途径变得便捷多样，自主学习的困境已经从"教育资源的匮乏"转变为"学生如何根据自身情况正确选择教育资源？以及如何高效开展自主学习"。在这种情况下，教师作为学生学习的引领者和教学活动的组织者，应当将工作重心放在"帮助学生养成自主学习的习惯，合理设计授课模式，进而引导学生建立适合自己的自主学习模式"。

三、提高学生自主学习能力的实施策略

1. 提高学生在课堂中的参与感

传统的语文授课模式更多的是依靠教师的"说课"，学生被动地接收。由教师主导课堂的进程，同时由于缺乏丰富的教育资源和多样的信息呈现方式的支持，导致学生学习兴趣不高，学习效率较低，遑论自主学习。提高学生学习积极性的途径之一便是增加学生在课堂中的参与感，真正实现"学生是课堂的主体"，在授课中灵活运用多媒体技术，发挥多媒体多元多彩的优势，开展课堂小组活动，让学生积极融入课堂，主动推动课堂的进程。譬如，在学习课文《只有一个地球》时，教师运用多媒体播放相关科普视频和电影资料，呈现出这颗蓝色星球的美丽与唯一，小学阶段的学生对于这种以音像形式传递的信息往往都保持着高度的集中力，教师在此基础上设计相关的课堂活动，如"关于地球的知识小组竞赛"等，这样能有效活跃课堂氛围，提高学习效率，学生也

愿意主动去"发现问题、分析问题、解决问题",完成自主学习。

2. 利用信息技术创设教学情境

创设教学情境的目的就是指拉近学生与教材之间的距离,合理运用信息技术创设教学情境,进而实现学生与教材的共鸣,对学生学习教材、积极发掘教材内容有着重要意义。在学习课文《月光曲》中,通过贝多芬音乐的导入,引领学生沉浸在恬静的情感体验中,逐步展开故事,并事先收集相关背景素材。虽然故事的真实性并不可考,但是通过图片视频剪辑再现这个美丽的故事,对于帮助学生身临其境地领悟故事情节,体会故事中人物心境,有着重要的作用。这种情景创设的目的在于引导学生解读故事中"哥哥、妹妹热爱生活和音乐,贝多芬善良而富有同情心"的优秀品质,帮助学生树立正确的价值导向。引导学生思考文中景色描写所蕴含的写作技巧,让学生自主开展模仿写作,让学生体会如何将恬静怡人的景色转化成优美的文字,启示学生不仅要有丰富的想象力,更要课下积累更多的词汇和勤加写作练习,这本身也是一个自主学习的训练过程。

3. 开展探究式学习

探究式学习是一种以"学生参与,问题为导向"的重要的自主学习模式。这种学习模式强调学生围绕问题动手自行收集材料,解析问题,交流探讨,并找出自己的答案,这个过程对于学生的学习能力是一种极大的锻炼。利用信息技术在语文课堂开展探究式学习可以使该学习模式更为容易开展,并呈现出令人满意的效果。以课文《这片土地是神圣的》为例,在课前提前布置问题:"文章的写作背景是什么? 酋长从哪几个角度来呈现这片土地的美丽? 酋长眼中人与自然的关系是怎样的? 文章表达的情感有哪些?"学生以问题为导向,利用学校的信息平台"乐教乐学"和"同步课堂"及网上搜索,找出解答问题所需要的材料,自行分析整合,得出自己的答案。在课堂上老师组织学生以小组发言的形式实现同学之间的交流和探讨,最终在老师的引领下形成对酋长内心情感的深刻体会,帮助学生正确认识人与自然的关系,从而形成热爱自然、尊重自然的价值观。探究式学习的整个过程也是对学生自主学习技巧的实践练习,帮助学生逐渐找出适合自己的自主学习方式。

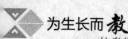

参考文献

［1］李会.网络环境下小学生自主学习语文的探索［J］.考试，2012（16）.

［2］张宏迪.信息化环境下语文教学中学生自主学习能力的培养［J］.科学中国人，2014（12）.

［3］张金磊，王颖，张宝辉.翻转课堂教学模式研究［J］.远程教育杂志，2012（8）.

◆◆ 信息化环境下"三段式"教学模式的有效开展 ◆◆

——十二五"信息化环境下小学语文高年级教与学的有效性研究"

广东省汕尾市教育局教育教学研究室　许家塔

一、问题的提出

小学语文教学重在培养学生语言应用能力和书面表达能力及一定的文本阅读能力，这三方面是小学语文教学的基础目标。传统的语文教学主张"读""理""练"三阶段教学法，这种教学模式，以"学生阅读——教师整理归纳——课后练习"为主要教学模式。这种放之四海所有学科皆适用的方法在学科教学中存在了相当长的一段时间，但这种方法明显是"以教师作为课堂中心，学生围绕着教师开展学习活动"，难以体现出学生在课堂中的主体地位，新课改要求教师在教学活动中要正视"学生是学习的主体"这一客观事实，以学生为中心开展教学活动。在这种教改背景下，同时伴随着"互联网+教育"的时代背景的到来，信息化技术因其为教学活动带来了极大的便利性，凭借其教育资源的丰富性、呈现知识形式的多样性等优势而被众多学校纳入课堂教辅工具。在这种背景下，如何结合小学语文的教学目标重新定义"三段式"教学模式，革新传统的课堂教学模式是一项值得深入探究的教育课题。

二、基于信息化环境的"三段式"教学含义

如前文所述，传统的"三段式"教学虽然也将教学过程分为三个阶段，但是这种教学模式忽视了学生的主体地位，难以适应当前小学教育的时代要求；再者，此种"三段式"教学在阶段目标的确立和梳理等方面多是语焉不详，不甚明朗。在此基础上，我们提出一种新的"三段式"教学：即课前"预习—质疑"，课上"展示—探究"，课后"检测—反馈"。此种"三段式"教学所言的课堂教学是一种广义的课堂教学，既包括课上，也包括课前和课后，这种较为弹性的时间阶段的设计给予课堂更为充足的时间来完成教学任务，符合当前教师授课内容激增、学生课业繁重的基本情况。对于三阶段的阶段目标，也有简明合理的设置，首先是课前预习阶段，作为"三段式"教学的第一阶段，其阶段目标是在课前借助网络技术拓宽学生对于课堂授课内容的知识视野，在对授课内容进行初步接触的过程中找出自己的知识盲点，并在课前及时与教师交流；第二阶段为课上展示阶段，这也是我们传统的课堂授课阶段。在这个阶段教师应根据第一阶段中来自学生的质疑反馈，适时调整自己的授课重点，实现有针对性的诠释，同时务必利用信息技术合理创设教学情境，引导学生开展课堂探究，完成授课的主体任务；第三阶段，通过课后检测，及时了解学生对授课内容的掌握程度和教师的授课效果，帮助教师为下次授课做好调整，实现良性循环。这就是新的"三段式"教学，三阶段之间并非孤立，而是相互影响，相互促进，形成合理衔接，同时以信息技术为辅助工具，关注学生学习能力成长的一种教学模式。

三、"三段式"教学模式的实践探索

在提出"三段式"教学理论后，我们也付诸实践，在一线教学经验的积累中探索出一套颇具特色的教学方案。以课文《晏子使楚》为例，在第一阶段的"预习—质疑"中，将预习任务提前给学生布置下去，一方面，指导学生利用本校的"同步课堂"和"乐学乐教"平台，自主学习相关网络课程，并借助平台整理出此篇文言文的大概文意，总结自己在预习中遇到的难点，通过平台及时反馈给教师；另一方面，引导学生自主收集故事发生的时代背景，对故事中晏子出使的任务和齐楚两国等相关历史知识有初步了解。

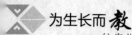
在第二阶段课上"展示—探究"中，教师根据学生预习反馈的情况，合理设计自己的授课内容，如课文中一些字词的现代释义，"楚人以晏子短，为小门于大门之侧而延晏子"此处"延"为何意？学生在借助课本注释的基础上多数可以大概弄懂，但是如何能够帮助学生理解这些字词的释义，以便于其下次遇到同类文章时能够顺利阅读，亦是教师在设计教案中应当思考的内容。此种情形可以借助"同步课堂"和"乐教乐学"，教师根据学生的预习情况整理出整篇文章中难以理解的文言词字的释义，借助相关视频资料较为系统地讲解其字词的现代释义，并梳理出相关的文言文片段，帮助学生练习此类字词的译文。在小学阶段的文言文学习中，其难点是在对于文言文中古人语言表达习惯的理解，以及一些字词的现代释义。一方面，要借助对字词组合的记忆；另一方面，即前文所述中，根据学生的预习情况了解学生借助网络教育平台可以理解的内容，并了解学生对这些词字的理解，进而有针对性地进行矫正教学。在课文的课堂展示中，为了便于学生记忆，可以开展"故事再现"活动，将学生分组，分别扮演故事中的人物，运用多媒体包括影像和音乐，创设晏子使楚的情境，在课堂上再现晏子使楚的故事。这种设计激发了学生对课文的学习兴趣，调动了学生的学习积极性，并且帮助学生加深了对注释字词的理解，教学成效颇佳。

第三阶段，即课后"检测—反馈"，通过测试的形式了解学生对课文的掌握情况，测验结果也是教学成效的直观反映。教师根据测验结果了解学生的学习情况，并根据每个学生的测验结果个性设计课后学习方案，如有学生能够理解注释字词的含义，但是整段的翻译表现不佳，就为学生布置课后学习任务，再结合学校的"乐教乐学"平台，学习文言文翻译的相关技巧。如此的"三段式"教学，前后衔接，相互发力，以"教与学"为切入点，实现信息技术在教学中的作用最大化，不失为对"三段式"教学的一种全新探索。

参考文献

［1］冯少杰.\"三段式\"教学让课堂更高效［J］.教育家，2016（10）.

［2］杜学民.基于情境教学的三段式教学［J］.中学政史地：教学指导版，2016（5）.

［3］沈建荣.\"三段式\"习作教学体系的实践探索［J］.小学教学研究，2014（5）.

◆◆ 刍议"可视化思维工具"在小学语文中的合理运用 ◆◆

——十二五"信息化环境下小学语文高年级教与学的有效性研究"

广东省汕尾市教育局教育教学研究室　吕小绒

一、可视化思维工具的含义

　　"可视化"一词并非本土语言，其出处可以认为是译自单词"visualization"，从单词直译结果来看，可以理解为"形象化、想象、设想"，后来被人们延伸解释为"可视化"，即"通过可见的形式呈现人们潜在的、不可见的思维的一种方式"。步入新世纪以来，随着信息化技术的发展，各种图像化信息在生活中日渐普及，这些图像化信息多是通过技术处理将不可见的思维抑或通过文字表述的潜在信息图像化。这种信息呈现方式是以图片化、具象化的知识表现形式来呈现人们潜在的思想轮廓和信息概念等，把这种非具象化、潜在内隐的知识具象化、可视化，进而达到能够帮助人们对相关信息进行标记、记忆的一种信息处理手段。同样，将"可视化思维工具"运用到语文教学领域中，就是将原本无法具象表现出来的概念、思维路径、对某种知识的认知过程，通过图示或图示组合的形式给予呈现，进而实现增强知识印象，加深对相关知识的理解层次，达到较好的记忆效果和课堂实效。

二、可视化思维工具在语文教学中的应用价值

1. 有助于学生梳理语文知识

　　可视化工具其本身即具备着对知识进行管理、编排、重组的功能，可简要将这种功能解释为：在限定领域内组成一个完备的知识体系，该领域内的信息和知识能够不断地通过"展示、交流、读取、整合、创造、分享"等过程使得原有的知识形态得以改变，原有的知识领域不断得到填充，形成一种良性循环。这种知识体系为社会组织决策提供了智慧支持。小学阶段语文知识的"教与学"就是一种语言文字框架的搭建过程，借助可视化思维工具发挥其作用的

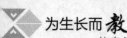
模式通过概念图、流程图、思维导图等形式将思维过程变得可视化，在整个语言知识体系中搭建知识结构，帮助学生理清每个知识点之间的关系，以及知识点之间的知识次序。知识体系的搭建无论是对于记忆抑或理解都有着异常重要的意义。利用可视化思维工具对语文知识的梳理过程亦是一个再学习的过程，在这个过程中帮助学生形成自己的思维习惯，使其以自己的风格吸收、整合知识，实现对知识的再处理。

2. 有助于学生实现知识迁移

知识迁移可以简单解释为"一种学习对另一种学习的发挥作用"。学习是一个不间断的、循序渐进的过程，同时是一个在知识框架的基础上再积累和创造的过程，任何新知识的获取过程都或多或少地会受到原有知识体系的影响，任何领域的学习都是在学习者已经具备的认知体系和间接经验、已掌握的学习技能等基础上进行的。这种原有的知识结构对新的学习的影响和作用被称之为"知识的迁移"。在学习的过程中利用概念图、流程图，将知识拆解成若干子知识，再将这些子知识重新编排，这个过程本身也涉及对原有知识体系的再融合。这种知识迁移主要表现在新知识对旧知识的相互影响上，就是所谓的"温故而知新"。

三、可视化思维工具在语文教学中的实施策略

1. 利用可视化思维工具帮助学生完成课前预习

利用流程图、脉络图来绘制语文课文中的故事梗概，对于学生在预习课文中掌握文本内容和中心思想有着重要作用。以课文《我的伯父鲁迅先生》为例，在学生预习阶段引导学生自行绘制课文的叙事流程，当然在日常的教学中也要注意对学生关于这些可视化工具的运用训练。自主学习的过程多是集中体现在预习阶段，引导学生借助多媒体绘制成以"我"为视角的叙事脉络图，分为"自身——身边——身外"三种群体的情感体现，通过穿插的往事表现出"伯父"更为丰满的人物形象，对于学生了解鲁迅先生的高贵品质有着重要的作用。

2. 利用可视化思维工具帮助学生完成课后复习

课后复习是对课堂学习的一种补充，在语文学科的复习中，有些课文需要掌握的知识点分布杂乱，此种情况可以通过绘制"脉络图""思维导图"来梳理知识点，且效果尤佳。引导学生抓住课文故事主线，以叙事顺序为方向，搭

建知识框架，再根据预习和课堂所学填充知识框架。学生在填充知识框架下的知识点的过程本身也是对知识再记忆的过程，同时有助于学生形成逻辑思维习惯，深化复习效果。

3. 利用可视化思维工具帮助教师完成探究式教学

利用"鱼骨图"帮助教师组织学生开展探究式学习，以问题为导向绘制"鱼骨图"，找出文中要点和问题归因。同样以《我的伯父鲁迅先生》为例，教师首先填充"鱼头"部分——"为什么伯父受到那么多人的尊敬？伯父是一个什么样的人？"通过问题导向，发散问题点，选择层别方法，从"人、时、事"等层面入手，对照各类别找出所有可能相关的因素，对所有因素进行归类整理，选取其中最为重要的因素，按照原因重要程度分类填充在"鱼骨"部分，即可绘制成"鱼骨图"。通过绘制"鱼骨图"帮助学生理清课文脉络，以问题为导向，探究开展学习活动，对学生养成良好的思维习惯和强化教师授课效果都大有裨益。

四、结 语

将"可视化思维工具"运用在语文教学中，能够帮助学生养成逻辑化思维的学习习惯。小在海城镇中心小学听取"省十二五"课题汇报课时，发现主持人届小玲老师在她融"思维导图""先学后教"于一体的"三段式"教学模式的课堂教学中使用这种可视化思维工具进行教学。此种教学方法在目前的一线教学尚未广泛推广，但是我们有理由相信将"可视化思维工具"引入课堂是一种指引小学教学研究发展的正确方向，加大对"可视化思维工具"的研究和开发力度，探索其与语文教学的有效结合模式，应当成为小学语文教法改革的重要切入点。

参考文献

［1］王会霞，代朝霞.思维可视化工具的应用价值分析［J］.中国医学教育技术，2015（4）.

［2］徐振华.思维导图在计算机教学中的应用研究［J］.新课程（下），2011（9）.

［3］齐伟.概念图思维导图在教学中的应用实例［J］.教育技术导刊，2005（8）.

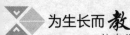
❖ 试论"先学后教"理念在小学语文
阅读课堂中的有效构建 ❖

——十二五"信息化环境下小学语文高年级教与学的有效性研究"

广东省汕尾市海丰县海城镇中心小学　钟木清

在小学阶段，学生处在一个非常积极向上的年龄阶段，对新鲜的事物、知识有着强烈的好奇心和求知欲。将"先学后教"的理念应用于小学语文阅读教学课堂中，是非常合理的，应该也是非常有效的。"先学后教"理念能够很好地构建一个有效活泼的课堂，对于学生阅读能力的提高具有非常大的影响。

一、"先学后教"理念在学习目标方面的构建

学习目标在教学中是非常关键的，它是学生学习的方向，如果没有学习目标的确立，学生在学习阅读中就会像无头苍蝇一样到处乱撞。"先学"就是要学生根据学习目标对将要学习的阅读知识有一定的了解，甚至是更加清晰的认识与深入的探索。学生在"先学"的时候，可以根据文本阅读的基本内容、对文本阅读中的内涵提炼及学习掌握文本阅读中的表达形式等学习目标进行学习。这样，学生在自主学习探索中就能够对将要学习的知识有更加深刻的了解，并且也对自己的自主学习能力进行了深入的培养。

教师"后教"是学生学习目标的导向，教师应该根据学生的发展方向与发展要求为学生制定更加合理有效的阅读计划与目标，让学生有方向、有目的地进行学习。

二、"先学后教"理念在自主学习环节的构建

自主学习是"先学"的主导，也是推动整个"先学后教"理念在小学阅读课堂有效构建的基础。学生在自主学习的时候，可以先从阅读入手，逐渐过度学习掌握精髓。比如，学生可以先通过自己的阅读，对文本的大概内容有所了解，然后对文本中比较难以读懂的句子进行剖析，并且对文本进行反复的阅读

这样才能够深入到文本中去，才能对文本的内涵有所了解。"书读百遍，其意自现"，学生在大量的阅读后，就可以对文章中的修辞手法及表达形式有更深一步的学习，进而学会模仿使用这样的表达技巧。

"先学"是让学生对将要讲解的内容有理解、有掌握，"后教"是教师对学生自主学习的一种检查。教师在后面的教学中可以采用提问、讨论的方式，让学生们在课堂中展现自己的学习成果，同时提出在自主学习中的疑问，这样教师不仅可以了解学生自主学习的情况，同时能够对接下来的教学采取有针对性的策略，不仅能够提高小学阅读课堂的效率，还能够促进学生多方面的发展与进步。

三、"先学后教"理念在合作探究中的构建

"合作探究"是对学生积极主动学习能力的一种培养，同时需要学生之间的交流合作和老师与学生之间的交流合作。学生们在合作探究中对文本内容进行"先学"，进而对所要学习的知识有进一步的探讨与理解。在小学阅读课堂中，教师可以采用小组合作学习的教学方法，根据学生学习能力的情况将学生均等划分为几个小组，让学生在小组合作学习中对课堂阅读知识进行自主探究。小组中不仅有能力好的同学还有学困生，他们可以互相帮助，互相学习，优等生还能给学困生树立好榜样，促进学生全面发展。学生们可以在合作探究时对阅读内容进行共同分析，共同理解，能够对阅读内容理解得更加全面。合作探究不仅能够激发学生的学习热情，同时能够培养他们团结协作的能力。

教师在合作探究学习中的"后教"主要体现在对学生的指导方面。学生在"先学"的过程中对课堂阅读进行小组合作探究的时候肯定会遇到或多或少的问题，这就需要教师在他们的探索中给予方向性的指导，并且给予他们针对性的指点，让他们的合作探究更加的高效。比如，在学生共同合作对一篇阅读文章进行分析的时候，教师可以引导学生去挖掘文章中的一些修辞手法和表达方式，并且再举一些例子对这些表达技巧进行练习，同时教师还要根据文章的主线让学生沿着主线对人物情感及发展情节进行深入的分析探讨。"先学后教"能够极大程度地提高学生合作探究学习的效率，也能够很好地提高小学生的阅读能力。

综上所述，"先学后教"就是在课堂教学中充分发挥教师的指导作用，让

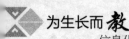

学生在学到知识的基础上能够做到举一反三，正向迁移，进而养成良好的自主学习习惯。"先学后教"在小学阅读课堂的构建时，要从学习目标、自主学习及合作探讨三个方面出发，充分发挥学生的主观能动作用及教师在其中的指导作用。这对于小学生阅读能力的提高，以及他们的自主学习和探究合作能力的培养也有很大的帮助，因此，教师们以后的小学阅读课堂中要进一步贯彻落实"先学后教"的理念。

参考文献

［1］胡光敏.巧用"先学后教"，构建小学语文高效课堂［J］.中外交流.2016（26）.

［2］彭双龙.灵活运用"先学后教"教学方法打造小学语文"高效课堂"［J］.新课程（小学）.2013（07）.

［3］黄静.巧用"先学后教"打造小学语文高效课堂［J］.读书文摘.2016（28）.

◆◆ 浅谈语文教学中的朗读教学 ◆◆

广东省汕尾市海丰县海城镇中心小学　马秋华

朗读是阅读教学中最重要的训练，小学生阅读能力的培养是从朗读入手的。当你完全理解课文之后，会以有感情的朗读为终结。教学大纲明确指出："从一年级起，就应指导学生正确、流利、有感情地朗读，培养学生朗读的兴趣。"有感情地朗读训练贯穿整个小学语文教学中，它是促使学生增强语感、积累语言的重要手段，有助于学生体会作者的思想感情，感受语言的精妙，领悟语境之灿烂，陶冶情感，更重要的还在于它是落实素质教育、培养学生口头表达能力的重要途径。只有熟读成诵，说写运用时才能脱口而出，妙语连珠。

一、在读中整体感知

叶圣陶先生曾说："语文老师是引导学生读书、看书的，而不是给学生讲书的。"这就是说，书是读懂的，不是讲懂的，更不是问懂的。因为，读是语言文字训练最常用的方法。学生通过读来感知语言文字的规律和知识，又在感知语言文字的过程中历练读的能力。课堂上要注意做到"以读代讲"，通过多读来让学生理解、积累和内化课文中的语言并形成技能。在教学中，学生通过朗读、默读、复读、赛读、整体读、部分读、分角色朗读等形式，理解课文内容，品析语言文字。在读的过程中，教师、学生、编者、作者逐步做到"四心"相通。这样在阅读中，学生不仅掌握了知识，而且陶冶了情操，修炼了品质。例如，我在教学课文《凡卡》一课时，由于课文内容较多，所以整个课堂教学采取了以读为主的形式。首先指导学生把书信部分与非书信部分画出来，接着让学生有感情地朗读描写凡卡现在所处环境的部分，营造一种悲惨的氛围，使学生的情感自然融入这个悲剧的课文意境中。然后又通过练读、指读等形式，让学生把凡卡写给爷爷那封信的内容有感情地朗读，深刻了解到沙皇统治下像凡卡这样的穷苦孩子的悲惨生活，使他们懂得珍惜今天的幸福生活。

二、教师的"精讲"，让学生在读中有所感悟

提倡"以读代讲"，是不是让学生读就可以了，老师的讲可以取消呢？不是的，该讲的还是要讲。它是要求老师的讲变得更加精练、更加适时。"以读代讲"，主要是指用读来代替那些学生自己能读懂而老师不必多余讲的部分。事实上，我们所说的加强语言文字的训练，就包含讲。这里的"讲"，是指老师的导引、点拨和讲解。叶圣陶先生说："老师的任务在指导学生的精读。"老师要讲得精练，要讲到点子上，要讲在关键处。讲的目的是让学生能正确理解和运用，因此，要求教师放手，以"精讲"辅助学生进行自习，使学生能够体会到读书的乐趣。在教学《桂林山水》一课时，我设计了这样几个问题：①"桂林山水甲天下"从哪儿可以看出？②桂林的漓江水有什么特点？③桂林的山有什么特点？你是如何知道的？④想象"这样的山围绕着这样的水，这样的水倒映着这样的山"是怎样的景象？学生在读书时思考这些问题，理清课文的思路，培养学生学习的能力。通过朗读、看图、图文合一，加深学生的理解，教师适时地指导、点拨，让学生身临其境，充分理解文章内容。特别是他们读至漓江的水"静、精、绿"那一部分时，一条美丽的漓江水仿佛呈现在眼前，让学生深深感受到漓江水之美，读出乐趣。

三、"听、说、读、写"四环紧扣

小学语文教学必须凭借听、说、读、写的方式进行语言文字的训练，而语言文字训练的目的又是为了更好地提高其听、说、读、写的能力。所以，我在整个阅读教学中，始终注重训练，让学生会听、会读，教给学生如何说、写，以具体语言文字训练促使其思维的发展。在教学中，我主要以课文作为训练凭借。例如，我在教学《我的战友邱少云》一课时，把握住此单元的训练重点："了解人物的内心活动。"难点在于怎样去体会，文中没有具体说出人物内心活动。我引导学生联系邱少云当时所处的周围环境，联系邱少云连队的任务和整个作战计划等，重点引导学生理解"我"的内心活动，将心比心地体会邱少云的内心活动，进而学习作者是怎样表达自己的思想感情的，再抓住文中对邱少云动作、神态描写的句子，让学生体会作者是如何遣词造句的，并进行有关词汇模仿、句子模仿的练习。当然，整个教学过程离不开朗读，我通过让学生默读、复读、赛读、整体读、部分读等形式深刻体会人物的内心。特别抓好课文要求背诵部分，让学生通过反复地读，从而为邱少云的高尚品质所感动。这时，我再进一步要求学生把内心的感受说出来，待他们发表了感受后，我稍做总结，让他们回去写一篇读后感。在整个教学过程中，我把听、说、读、写联系贯通，让学生学到知识，受到教育，提高能力，活学活用。

四、在读中培养语感，悟出方法

"新大纲"指出："要让学生充分地读，在读中整体感知，在读中有新感悟，在读中培养语感，在读中受到情感熏陶。"学生的阅读训练由浅入深地分三个层次进行，称为"三读法"。

（1）快速读课文，认读文中生字新词，抓课文主要内容。

（2）细读课文，找出与课文相关的人物、事物，了解每个自然段的内容，对课文进行分段，找中心句、关键词语。

（3）细品课文，重点画记、摘要、讨论、质疑。

例如，我在教学《灯光》一课时，以学生独立阅读为主。我先让学生借助工具书快速阅读全文，扫除字词障碍，知道文章讲的是一段关于灯光的往事的回忆，大致了解课文内容。接着，再细读课文，找出一幅孩子在电灯下聚精会神地读书的插图，连续在文中找出了三次的"多好啊"这句话，这时段落关系已清楚，重点的词句、人物也找了出来。之后，结合课后思考题，加强朗读训练，让学生画、批、讨论、质疑，让学生掌握了"多好啊"一句在文中三次出现但各不相同的环境气氛。在反复朗读、默读中，使学生体会到了课文所表达的思想感情，从中受到教育，培养语感。课后，有许多学生都说要向郝副营长学习做一个燃烧自己、照亮别人的人。坚持这样的训练，学生朗读的能力必会增强。

五、在读中受到情感的熏陶，培养想象能力

在教学《月光曲》一课时，我把指导朗读的重点放在贝多芬即兴演奏《月光曲》那一部分。因为音乐诉诸听觉，它是无形的，要描写它的美，必须借助于读者的联想去织就美丽的画面，让其形象化、具体化。文章在写贝多芬弹琴时，正好是"一阵风把蜡烛吹灭了，月光照进窗子来，茅屋里的一切好像披上了银纱，显得格外清幽。"这是文中的虚写，因为，"茅屋披上银纱"不是现实的，它是什么形状，全凭读者去想象。还有皮鞋匠听到音乐所产生的联想及看到她妹妹的表情后所产生的联想部分都是文章巧妙的虚写，这是他们从贝多芬的琴声中悟出来的。这是多么美妙的乐曲啊！我要求学生通过反复地朗读、默读，随着贫穷兄妹的想象去联想，充分接受美感的陶冶。学生植根于文中，想于书外，把自己得到的情感体验融入课文的朗读中，不仅受到美的熏陶，想象力也得到发展，学起来就更有兴趣了。

由读来引发学生的兴趣，用读来引导学生学习知识，掌握知识，用读来升华学生的思想。

让学生读出乐趣，读出兴趣！

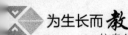
◆◆ 谈通过关键句指导小学生朗读 ◆◆

广东省汕尾市海丰县海城镇中心小学　颜昭群

现在的很多小学生，朗读水平普遍不高，朗读时没有感情，甚至连声音都不敢发出来。去年，根据我校学生的朗读水平普遍不高这一现象，我们课题组申报了县里的微型课题，对如何提高学生的朗读水平进行研究。经过一年多的研究，课题已经圆满结题，但研究还在继续，我们认为通过关键句的朗读指导，能很好地提高学生的朗读能力。我将这方面的心得小结如下：

一、教师范读关键词句

针对学生朗读水平偏低这一现象，教师的范读就显得尤为重要。教师可以在朗读技巧上做必要的示范指导，教会学生处理重音、停顿，运用恰当的语气、节奏、音色等技巧，对一些比较难读懂的文章或古诗，可以一开始就以示范引路，这样可以降低难度，放缓坡度。一般来说，当学生无法达到朗读要求或者是学生的朗读出现偏差时，教师可以范读，如教学《杨氏之子》，这是小学阶段的第一篇文言文，学生读来有难度。于是我抓住文中的关键句"未闻/孔雀/是夫子家/禽"进行范读，使学生了解到文言文朗读时节奏的重要性，激发了他们对其他句子的朗读探究，又对"家/禽"要断开读引起质疑，这样进一步地理解课文里面"家禽"是"家里的鸟"的意思，与现在的意思存在明显区别。这样范读关键句，引起了学生的注意，引起了他们的思考，从而使其加深对课文的理解，又能在教师的范读中学到具体可感的朗读知识和技巧。

二、多种形式的朗读关键句

朗读技巧的自觉掌握和运用不能一蹴而就，要在反复的、多种形式的朗读中进行训练。为保证每节课每个学生都有朗读的机会，设计朗读的形式也要为全体学生服务，可采用齐读、个别读、小组读、分角色读、教师引读、个人自读、同桌互相检查读、四人小组评议读、开火车轮读等形式，为学生提供朗读的机会。例如，教学《桥》一课，其中有关描写洪水的几句关键句，我就让学生个人读，读出情感；比赛读，读出兴趣；小组读，读出勇气；全班读，读出气势。这样学生就不会觉得单调，却有常读常新、百读不厌的感觉。注重朗读形式的多样化不仅有助于学生理解课文内容，读准读好文章，还能激发学生的朗读热情，提高学生的朗读兴趣。在课堂教学法中，我们应采用不同的朗读方式，去吸引学生，促使学生兴奋起来，达到乐读的功效。

三、展开想象读关键句

借助多媒体课件，能给学生再现类似的情景，然后引导学生展开丰富的想象，使其带着想象读，更能读出其中味道。同样教学《桥》这篇课文，其中教到描写洪水的关键句时，我通过多媒体平台，播放了一段洪水来势汹汹，摧毁房屋、摧毁一切的视频，毕竟洪水吞没房屋的画面，学生平时还没有看过，在看的时候就已经发出了声声惊叹。视频一看完，我马上引导学生看文中描写洪水的几句关键句子，展开想象，然后读出来，学生朗读时洪水的那种气势、那种可怕，自然就出来了。

四、创设情境读关键句

兴趣是最好的老师，浓厚的兴趣能激发学生无穷的潜能，兴趣的培养又是多途径的。在朗读课文时，可以通过创设美好的情境激发学生"学"的兴趣，从而达到激发其"读"的兴趣。这一点，也是我们课题组用得最多、最成功的一种抓关键句的朗读指导，因为，它能最大程度激起了学生朗读的情感，从而深入地理解课文。例如，《桥》一文，当我教到关键句老汉的语言——"桥窄！排成一队，不要挤！党员排在最后！"时，我就为学生这样创设情境：水已经慢慢窜到人们的腰，这时老汉大声地喊道——"桥窄！排成一队，不要挤！党员排在最后！"水已经爬上老汉的胸膛，这时老汉大声地喊道——"桥窄！排成一队，不要挤！党员排在最后！"木桥已经开始呻吟，马上就要塌了，这时老汉大声喊道——"桥窄！排成一队，不要挤！党员排在最后！"通过这样创设情境，让学生体会到，水位越来越高了，危险越来越近了，老汉喊话时的那种坚定、有力，自然而然地就读出来了。还有教《地震中的父与子》一文的一句描写时间的关键句"他挖了8小时，12小时，24小时，36小时，没

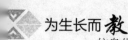
人再来阻挡他"时，我先引导学生体会时间过得真慢，再体会这位父亲的不容易，这时，学生读出来的速度是缓慢的，语气是带着悲伤的；然后，我又让学生体会此时这位父亲的心情，这时，学生读出来语速变快了，我们听到了表现出来的父亲的焦急。通过创设情境，学生不仅能进行有感情的朗读，而且对课文的理解也更深入了。

实践证明，以上的方法应该是行之有效的，学生的朗读兴趣有了，朗读水平也提高了，同时促进了学生阅读理解能力的提高。

◆◆ 初探"先学后教"的课堂教学 ◆◆

广东省汕尾市海丰县海城镇城北小学　邱丽娜

长期以来，人们习惯于把教学理解为：以"教"为基础，先"教"后"学"。教师教多少，学生就学多少；教师怎样教，学生就怎样学。"教"支配、控制"学"，"学"无条件地服从"教"。"教学"由共同体变成了单一体，学生的自主性、独创性缺失，主体性被压抑。叶圣陶先生说过："教师今天的教正是为了明天的不教。"爱因斯坦说："提出一个问题，往往比解决一个问题更重要。因为解决一个问题也许仅仅是一个数学上或实验上的技能而已，而提出新的问题、新的可能性，从新的角度去看旧的问题都需要有创造性的想象力，而这标志着科学的真正进步。"

过去我总认为讲得细，学生就学得易，课堂教学效率就会高；我领着学生走，他们可以少走些弯路。但是恰恰这样做，让许多学生养成不动脑筋的坏习惯，什么东西都等着我来讲，被动地听课，不愿主动地学习，课堂参与的积极性很低，往往一个问题问下去，学生毫无反应，只是呆呆地看着老师，等着正确答案的揭晓。等到实际运用的时候，学生不会思辨，考试时老师没讲过的、平时没做过的题就不知如何是好了，悲哀啊！

其实，书本上一些简单的知识学生通过自学是能够解决的，新课程实施以来，学生的识字量也大大增加。六七百字的课文阅读，一般孩子都能借助拼音、字典完成自主阅读，老师讲反而更耽误时间。平时老师需要讲十几分钟的内容，而学生自学三四分钟就可以了。遇到新的内容，不会的部分再到书中去找一找，看一看，这不就是个反馈的过程吗？这样学生自学的积极性更大、效率更高。因为教师规定学生自学几分钟就要做检测，学生会有一种压迫感，不认真看就不会做题，不认真学就会落在别人后边，这就培养了学生的竞争意识。所以，学生自学比被动地听老师讲课积极得多，这样就把学生的主体地位真正突出来了。同时，教师在课堂上讲得少了，可以抽出更多的时间来辅导后进生。学生间的相互讨论，实际上是好学生教后进生的过程。这实际上用到了陶行知的"小先生制"。后进生在自学过程中也有一种紧迫感，别人在有限的时间内学懂了课文，会做自学检测，自己却不会做，增强了他们的竞争意识和好胜心。

"教学做"合一的教育理念是陶行知先生的一大创举。陶先生要我们在做上教，在做上学；在做上教的是先生，在做上学的是学生。从先生对学生的关系说，做便是教；从学生对先生的关系说，做便是学。先生拿做来教，乃是真教；学生拿做来学，方是实学。不在做上用功夫，教固不成为教，学也不成为学。

什么是"先学后教"？

所谓"先学"，就是在课堂上，学生按照教师揭示的教学目标及学前指导，看书、自学、练习。所谓"后教"，就是针对学生自学中暴露出来的问题及练习中的错误，教师引导学生讨论，生教生，会的学生教不会的学生，教师只做评定、补充、更正。在生生、师生、文本与教师、文本与学生的多向互动中，学习新知，巩固知识增长点。

在课堂教学中如何做到"先学后教"呢？我在课堂的教学实践中进行了以下的尝试：

一、"先学后教，以学定教"，把学生摆在第一位

"先学"强调的是学生的主体意识和积极主动的学习态度，希望学生在学习活动中先入为主，主动探究。以自主学习、生生合作等方式，为"课堂教学"建构一个前置性平台。

"后教"中的"后"字则是对传统教学过程中教师绝对权威的弱化，它更多的是强调教师要转变角色，走下讲台，以服务者、促进者的身份积极参与到

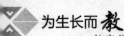

学生的学习中来，打破以往老师教学生学，老师主动、学生被动的僵死的教学模式。

"以学定教"是根据语文教学中的知识来设计和组织教学活动，将教学内容转化为学生素养，提高课堂教学效率的一种教学策略。

"以学定教"中的"学"指的是与学生的发展有关的内容，如学习内容、学习方式、学习时间、学习效果等。"教"指的是与教师的教学活动有关的内容，如教学目标、教学内容、教学方式、教学时间、教学效果等。"教"建立在学生自主学习新知、自主发现问题、提出问题和解决问题的基础上。教师根据学生在自学中尚未解决的问题，做适时、适当的引导、点拨，以实现课堂教学时间有效运用、高效运用，从而避免教学的低效和无效。

二、"先学后教，教学互导"，激发学习潜能

"先学后教，教学互导"的课堂教学模式，主要分为三步，即"三段式"教学法：预习质疑（课前）—展示探究（课内）—检测反馈（课内或课后）。

第一步：课前预习质疑。高年级学生主要在读通课文、自学认识生字的基础上，结合课后练习题或根据老师提供的《预习单》进行阅读，并进行初步的质疑和标注，对课文进行初步的分析，并谈谈自己的感受。

第二步：集体研讨，展示探究，主要引导学生探究问题，突出思考的习惯及合作意识的重要性。在操作中，紧扣预习中的问题引导学生进行集体研讨，教师适当引导，落实以学定教，进行合作释疑，这是重点。在此过程中，发现学生的疑难点、易错点、兴趣点，并有效地将教学内容与学生兴趣点进行有机的结合，做到"以学定教"。以此培养学生的"三学会、三养成，"即学会自学、学会独立思考、学会交流与思考，养成参与课堂讨论，养成倾听老师和同学意见，养成准确表达自己观点的习惯。

第三步：检测巩固，反馈学生学习情况，巩固本节课所学内容。整个教学环节要环环紧扣。首先，教师在每次新授课之前，都要安排预习内容，提出预习要求，设计自主探究的题目，要求预习任务具体化，以题引领预习，使学生有目的地自主学习，并将自己在预习中遇到的问题记录下来。然后，利用上课前5分钟的时间，检查学生对生字词及课文的朗读，以达到夯实生字词的基础。然后再根据预习中的其他内容进行简短的再次自学，目的是为集体研讨打

基础，为小组交流做准备。其次，集体研讨，本组内之间、组与组之间进行讨论，教师根据学生研讨情况进行引导，实现知识的迁移，情感的升华及对内容的内化，完成学习的目标，使不同层次的学生有不同的发展。最后，反馈矫正，巩固所学。

例如，我在教学《杨氏之子》时，课前先发放《预习单》，让学生按《预习单》自学，上课前用五分钟时间让学生将自己自学中存在的问题予以反馈、交流，以寻求老师、同学的帮助。同时，同学之间也可相互了解阅读中的障碍、困难在哪里，这样，我们的课堂才可能真正做到以学定教。

在导入新课后，小组合作展示交流如下内容：

（1）我能把课文读通顺。

（2）我能读出课文的停顿。

（3）我能说出课文的大概意思。

有些学生已经能够独立理解句意，我便放手让已经读懂意思的学生来帮助有困难的学生，使他们在分享学习成果中参与了教学的全过程。

在此基础上学生自主、合作探究以下问题：

（1）杨氏之子是个什么样的人？

（2）你喜欢孔君平说的话，还是喜欢杨氏之子说的话？为什么？

体会杨氏之子的聪慧既是我的教学目标，也是不少学生在预习中提到的困难之处。在这一环节的教学中，我以学生提出的问题"杨氏之子是个什么样的人"来引导学生探究，引导学生从文本中寻找表现杨氏之子聪慧的表现。在教学的最后，我进行了一个小练笔，让学生写下几句话：听了杨氏之子的话，孔君平会有怎样的表现？学生或用文言文，或用白话文，表达的内容也各具特色。课后，我还向学生推荐了课外阅读材料《世说新语》中的一篇小故事。

三、转变角色，为课堂自学创设平等、民主、轻松、研讨的氛围

1. 让学习的主人"学生"掌握学习的自主权

"先学后教"的教学模式，倡导教学以学生为主体，学生自主学习。只要我们善于给予学生自主学习的机会，就能达到提高学生的自主学习能力，提高教学质量的目标。虽然，这在起步阶段会出现"费时费力"的现象，但那只是暂时的。只要你不断反思、总结，锲而不舍地愿意在培养学生自学能力上下功

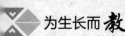
夫，用了不多久，学生就会慢慢地学会自主学习，而且在"学习"这条路上他们和我们都会越走越轻松。在充分相信学生有此能力的前提下，把时空还给学生，留给学生一定的时间和空间，从学生阅读情况出发，把它作为教学过程的一个独立环节，学生也能重视这讲授之前"先学先练"的机会。

2. 发挥教师的主导作用，课堂上少讲精讲

在课堂结构中，学生自学结束后，就进入了"教"这个环节，这是课堂教学的高潮。主要任务是帮助学生纠正错误，解决疑难问题，而此环节的时间也只有10分钟左右，这就决定了教的内容要少而精。教师只需教教材内容的20%，即重点、难点；只教学生不会的，即帮助学生纠正错误，解决疑难问题即可。

课堂教学的全过程，都让学生自学。但是，这其中的每一步都离不开老师的引导，如同人在路上行走，如没有路灯，就不明方向；如没有路标，就可能上岔路。教师在课堂中就要当"路灯""路标"。的确，我们要从过去"满堂灌"的"第一线"退到"第二线"，由知识的传授者，变成学生学习的组织者、引导者。

这种教师的主导作用主要表现在以下几方面：

（1）开始上课时，教师用简单明了的语言准确地揭示自学任务，并将关键词用大屏幕或学习纸的方式呈现，激发学生学习动机，调动学生学习的积极性。慢慢地，再根据学生自学能力的提高，开始提出明确的自学要求，即自学什么内容，用多长时间，届时如何检测。还要教给学生自学的方法，如读课文，是独立地围绕课后题朗读课文，找答案，还是边读、边讨论、边解决疑难等。

当然，课堂的学习任务也可以是同学们自己提出的。例如，我在教学《精彩极了和糟糕透了》一课时，学生针对课题提出了两个疑问：一是精彩极了和糟糕透了分别是谁说的？二是他们为什么这样说？这是两个切中要害的问题，我将问题及时写在黑板上，呈现给全班学生作为自学的导向问题。学生通过自读自学，在文中找出相关的语句，我也将本节课的重点定在讨论问题二上。问题由学生中来，再由学生解决。让学生通过自读课文或仔细读课题，提出自己想问的问题，经过归并、筛选后将问题呈现作为课堂主要研究的方向。运用这样的方法，学生会仔细地读课文，积极思考发现问题，在课堂上努力地解决问题，而教师的最大功劳就是引导学生读题，发现疑问所在。

（2）在学生自学时，教师一方面督促学生按照老师的指导自学，确保完成好自学任务，教师可及时表扬速度快、效果好的学生；可给后进生说几句悄悄话，帮助其端正自学态度。另一方面，通过小组巡视、个别询问，特别是通过板演、范写等检测形式进行调查，最大限度地暴露学生自学中的疑难问题，并认真分析带有倾向性的问题，进行梳理、归类，为"后教"做好准备。

（3）新课程下的语文学习不再是先前狭隘的课堂语文教学了，它还包括了课外阅读的指导和课后的延伸阅读。因此，在一篇课文结束后，教师可根据本课的内容、文体、作者的其他作品等因素，向学生推荐相关的阅读资料和书籍。阅读不能止于课堂，课堂应是阅读的开始。

例如，我在教学五年级下册古诗词三首后，向孩子们推荐了两首也是描写童年生活的诗歌《小儿垂钓》和《稚子弄冰》，让学生进一步体会童年生活的多姿多彩。

3. 精心设计练习是"先学后教"教学模式顺利实施的保证

"先学后教"的核心是自主学习，其课堂基本结构是：课题—教学目标—自学提示（包括自学内容、自学方法、时间和思考题）—师生互动学习（即学生依据思考题汇报自学情况，确有不能解决的问题教师点拨）—巩固练习—课堂检测。在整个教学过程中贯穿课堂始终的主线是紧扣教材内容的习题，即自学思考题、巩固练习题、课堂检测题。教师在这些习题的依托下指导学生自学教材，通过学生回答问题，了解学生对教学内容的掌握情况，对学生不能理解的疑难问题及时点拨、指导。学生在这些题目的引导下，读懂教材的知识结构层次，理解所学内容，掌握运用所学知识，并找出自己自学的疏漏之处，及时补缺。可见习题设计对一节课的教学十分重要。备课时设计好这三个层次的习题，是课堂教学中更好地引导学生自主学习的基础，也是一堂课成功的关键。因此，使用这种教学模式进行教学必须做到：重视预习后的反馈（即前测），根据前测的结果布置课堂自学的任务。在尝试教学中，我一直重视预习后的反馈工作，即新授课前了解孩子对课文预习的基础程度，或找一组学生谈谈对课文的看法，或出几道简单的前测题，或写几个生字扩词，或组织小组自学等等。但大部分都以出预习卷全面了解每个孩子对课文的预习程度为主。

例如，我在教五年级下册《古诗词三首》之前，首先让学生完成这样一份预习卷。

▪《预 习 单》▪

一、借助拼音读准诗句，注意下列加点字的读音。

清平乐　　剥莲蓬　　亡赖　　蓑衣

媚　　收篙　　停棹　　茅檐　　翁媪

二、了解诗人生平，搜集与诗词有关的信息。

三、自由读全诗，借助拼音读诗句，要求读得正确、流利。

四、借助工具书、注释与同学合作，初步理解诗歌大意。圈点勾画，标出疑难词句。

从预习后的反馈来看，学生对《清平乐·村居》这首词的理解困难大些，对重点句解释时的换序方法是不知道的。而对《牧童》《舟过安仁》的诗意、感情了解得较为正确，因此教学的重点应放在学习《清平乐·村居》这首词上。

其次，根据课文重难点以及学生实际，精心设计巩固练习题，以检测课堂学习质量。

例如，我为五年级下册《古诗词三首》设计的巩固练习题如下：

▪《检 测 单》▪

一、比一比，并组成词语。

牧（　　　）襄（　　　）醉（　　　）温（　　　）

收（　　　）衰（　　　）碎（　　　）媪（　　　）

矛（　　　）助（　　　）眉（　　　）瞻（　　　）

茅（　　　）锄（　　　）媚（　　　）檐（　　　）

二、品读诗句，感悟诗情。

1.《牧童》像一幅恬淡的水墨画，描绘的景物有＿＿＿＿、＿＿＿＿、
＿＿＿＿使我们的心灵感到宁静。

2.《舟过安仁》的作者是（　　　）代的（　　　）。（　　　），
（　　　）两句诗是作者的所见，（　　　），（　　　）两句诗是作者的所悟。

3.《清平乐·村居》中，（　　　）一词表达了作者对小儿的喜爱之情。

4. "醉里吴音相媚好"中"醉里"是说谁醉？是作者还是老夫妻？

三、选择正确答案，将序号填在括号里。

1. "草铺横野六七里，笛弄晚风三四声。"描写的是（　　）的景色。

① 早晨　　　②傍晚时分　　　③夜晚

2. 对"最喜小儿无赖，溪头卧剥莲蓬。"这句话理解不正确的是

（　　）

① 最喜欢看这户农家最小的儿子趴在溪边无忧无虑地剥莲蓬时顽皮淘气的样子。

② 最喜欢自己的小儿子，他那样顽皮淘气，趴在溪边剥莲蓬。

③ 最喜欢看这户农家最小的儿子趴在溪边剥莲蓬的无忧无虑，喜欢他的天真烂漫，更喜欢有了他，这个普通农家给人安详美好的感觉。

3. "笛弄晚风三四声"这句诗的意思是（　　）

① 晚风中传来时断时续、悠扬飘逸的牧童吹笛嬉戏之声。

② 牧童归来时在晚风中吹了三四声笛子。

③ 牧童归来时玩弄着手中的笛子。

四、赏析品味：先解释带点字的意思，再写写句子的意思。

1. 怪生无雨都张伞，不是遮头是使风。

怪生：　　　　　　　遮：

诗句的意思是＿＿＿＿＿＿＿＿＿＿＿＿＿＿＿＿＿＿＿＿。

2. 最喜小儿无赖，溪头卧剥莲蓬。

无赖：＿＿＿＿＿＿＿＿＿＿＿＿＿＿＿＿＿＿＿＿＿。

诗句的意思＿＿＿＿＿＿＿＿＿＿＿＿＿＿＿＿＿＿＿＿。

由《检测单》可见，学生对组词的掌握情况较好；对于"怪生无雨都张伞，不是遮头是使风"这句诗的诗意仍不够清楚，需要组内再学习，看看谁还有困难，通过互帮互学，让每个孩子都基本掌握，特别要关注后进生的掌握情况；另外，学生对单个字的意思掌握得较准确。最后逐层提升练习梯度，把好课堂检测关，做到"堂堂清"。课堂检测题的设计，可以有选择地进行训练，也可自主出题，做一些分层作业，切实减轻学生的课业负担。

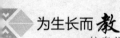
四、教给学生自主阅读的方法，逐步培养自我设定学习任务的能力

要完成"先学后教"的操作，就要让学生自主阅读。而要学生自主阅读，就要求学生掌握一些阅读方法。可以从以下几个方面对学生进行指导：

（1）结合教学环节进行学法指导。课堂教学环节如何确定阅读目标；如何独立学习，包括独立阅读、独立练习、独立评改等；如何进行小组学习，包括结组方式指导、交流讨论、互帮互学、互评互改等合作学习指导。

（2）阶段性总结或期末知识汇总的学法指导，即把与语文学科相关内容的学法进行归类概括，以系统化、结构化的形式呈现给学生，促使学生迁移能力的形成。这里包括生字表、词语表、字卡、词卡的合理利用。

（3）质疑的方法、记忆的方法、背诵课文的方法、好词好句的积累方法、遣词造句的方法等的运用。这些学法的指导往往渗透在各教学环节和学科内容的学习中，要求具体化、可操作化，有时也可单独训练。

"先学后教"教学模式的操作，其根本目标是培养学生自主学习的能力，这种能力的培养需要经过长时间的训练、纠正，才可初步形成，反复螺旋上升。

综上所述，"先学后教"，看起来主要是学生自学，但实际上蕴含的理念是——教师的责任不在教，而在教学生学，教师的引导是很重要的，教师要像教练一样对学生给予及时的引导、指正。如果教师指导自学不得法，精讲中抓不着要领，"先学后教"的效果就成问题。我觉得：只有真正做到"先学后教，以学定教，以教导学，以学促教"，才能取得最佳的教学效果。

参考文献

覃穗.教学中如何发挥学生自主性［J］，广州教学研究，1998（196）.

"先学后教"构建语文高效课堂

广东省汕尾市海丰县海城镇中心小学　马丽红

《语文新课程标准》明确提出：学生是学习和发展的主体。语文教学必须充分激发学生的主动意识和进取精神，倡导自主、合作、探究的学习方式。然而长期以来，我们的语文教学在很大程度上还存在着"以教定学"的现象：教师讲，学生听；教师说，学生记；教师问，学生答。教师的"教"完全支配、控制了学生的"学"。这种陈旧的"填鸭式"教学方法使得学生的学习单一化、机械化，使得学生所学的知识有限，使得学生的思维受到了束缚。这种教学行为抑制了学生主动探究、团结合作、勇于创新能力的形成，忽略了学生的个体差异和不同的学习需求。

如何改变这一教学模式，充分地发挥师生双方在教学中的主动性和创造性，让语文教学在师生平等对话的过程中进行？我尝试着采用"先学后教"的教学方法，预设学生"先学"的内容，让学生在已有知识和生活经验的基础上自行探索新知、发现问题，并带着疑惑在课堂上与师、与生、与文本再次对话，然后在教师的启发诱导下解决疑惑，获取知识。"先学后教"，充分发挥了学生的主体作用，提高了学生自主学习的能力。

一、课前，预设学习提纲

让学生"先学"，教师事先要对学生的自主探究学习给予必要的指导，要提出明确的学习目标，布置具体的学习任务，让学生的"先学"有的放矢地进行。教师只有认真地钻研教材，准确地分析班中学生的实际情况，包括了解学生的兴趣、心理需求、生活经验等，才能预设出实用科学的学习提纲，才能有针对性地引导学生进入自主的、探究式的学习状态。例如，教学《我的伯父鲁迅先生》一课时，我设计了这样的《预习单》：

（1）字词预习。（要求学生完成预设的练习题：给生字注音、给加点字选择正确的读音、写近义词和反义词、理解词语意思。这一任务的布置以习题的

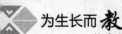

形式让学生认清字形、读准字音、掌握本课生字词的基本意义。）

（2）正确朗读课文，了解课文的主要内容，理清脉络。（让学生先自主地与文本对话，在多次朗读中加深理解和体验。）

（3）上网查找有关资料，了解作者和本文的创作背景。（引导学生利用网络等信息渠道获取信息，了解鲁迅先生所处的时代背景，了解作者的写作背景。）

（4）写下需要和老师、同学探究的问题。（引导学生边学边思，逐步培养学生探究性阅读的能力。）

二、课中，注重合作探究

"先学后教"的课堂是灵活多样的，注重学生主动参与，提倡学生采用多样化的学习方式进行学习。所以，教师应该根据不同年龄学生的特点和不同的教学内容，采取不同的教学策略：可以引导学生针对自己在预习中的疑惑进行讨论，让学生自我分析问题、自我解决问题；也可以预设各种教学情境，引导学生进行合作探究……教师把学习的主动权交给学生，并不意味着对学生的学习放任自流。教师应该积极地参与其中，及时地把握学生的学习动态，给予他们必要的指导，形成师生间双向的、能动的交流，从而保证课堂的质量和效果。

1. 导之以疑

明代学者陈献章说："学贵有疑，小疑则小进，大疑则大进。疑者，觉悟之机也，一番觉悟一番长进。"教学中教师应鼓励学生质疑问难，并鼓励学生自己答疑、释疑。例如，教学《别饿坏了那匹马》一课，笔者检查预习情况后，让学生提问。学生纷纷说出了自己的疑惑：父亲为什么不同意"我"去残疾青年那里看书？残疾青年为什么谎称家中有马？残疾青年的妹妹碧云为什么没有揭穿哥哥的谎言？对于学生提出的一个个问题，我并没有急于解答，而是组织学生小组进行讨论，让学生在集体交流中达到学习的目的。

2. 诱之以思

爱因斯坦说："学习知识要善于思考，思考，再思考。"教学的最佳状态不是老师传授了多少知识，不是学生学了多少知识，而在于教师适时地抓住课堂上的每个时机引导学生思考，让学生的学习实现从感性认识到理性认识、从量变到质变的飞跃。我在教学《青山不老》时，当学生惊叹于老人创造的绿化奇迹时，抛出了一个问题：你如何看待老人有福不享，却甘愿在恶劣的环境下植树造林这一举动？把学生引进了更深层次的思考，引导学生深化理解课文，拓宽了学生的认知角度。

三、课后，加以拓展延伸

当学生完成了一系列的学习过程，教师还应该创造性地设计拓展延伸的内容，使学生的学习更具广度和厚度。我在教学朱自清的散文《匆匆》时，设计了以下内容，以深化学生的学习：

（1）如果有位同学时间观念淡薄，整天无所事事，游手好闲，导致学习成绩降低。假如你是他的好朋友，你会怎么劝告他呢？试着写出来。（结合学生生活实际，再一次让学生感受珍惜时间的紧迫感。）

（2）词句拓展：一寸光阴一寸金，寸金难买寸光阴。/花有重开日，人无再少年。/少年易老学难成，一寸光阴不可轻。/少壮不努力，老大徒伤悲。/黑发不知勤学早，白首方悔读书迟。/莫等闲，白了少年头，空悲切。（要求学生熟读成诵，积累有关珍惜时间的名句。）

3. 亲子阅读：明日歌（清）钱鹤滩

明日复明日，明日何其多。我生待明日，万事成蹉跎。世人苦被明日累，春去秋来老将至。朝看水东流，暮看日西坠。百年明日能几何？请君听我明日歌。（让家长与学生一起学习，于无形中促使家长督促学生，珍惜时间，努力学习。）

总而言之，"先学后教"的教学方法，比起传统的诸多教学方法来说，更能激发学生的学习兴趣，也更有利于学生自我知识的建构。希望在具体的研究中，不断地摸索，不断地完善，构建更高效的课堂，让更多的老师和学生受益。

📁 参考文献

［1］童子双.小学语文新课程教学与研究［M］.北京：中国广播电视出版社，2008.

［2］赵慧.创建充满生机与活力的语文课堂［J］.新校园（理论版），2015（8）.

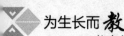
❖ 创设有效课堂教学　提高语文教学质量 ❖

广东省汕尾市海丰县海城镇中心小学　陈子迎

纵观课改这些年，语文课堂"活"了，"热闹"了。可课堂上赶时髦、走形式、摆花架子的现象却较为严重，语文课堂上时常出现活跃而不扎实、花俏而无实效、热闹而无秩序的现象，"满堂灌"变成了"满堂问"。课堂应追求有效，避免无效，杜绝负效！那么如何创设有效课堂教学，提高小学语文教学质量呢？

一、除去花俏，创设"真"课堂

真实有效的语文课，在于让语文充满思想、充满感情、充满人文精神，"一切为了学生的发展"。有效的课堂教学应让学生知识有所提高，情感有所变化，能力有所提高，而不是"为媒体而媒体"，形成声像的轰击，用声像的欣赏代替语言的品位，用屏幕画面代替语言文字创设的意境，完全使语文课"变味"。教学的本质是师生交流，是情感的交流，是心灵的对话与沟通，是思维的互动。在核心素养全面推进的今天，我们发自心底呼吁：语文课堂应除去花俏，创设"有效真实"的课堂！

（一）在"讲"上下真功夫

"讲授"是课堂教学的基本方法，"讲授"不等于"灌"，讲授不是万能的，但没有讲授是万万不能的。有效的讲授要注意以下三点：

1. 要讲得精彩

语言的质量决定了课堂讲授的质量，不要讲得太烦琐，开掘得太远，增容得太多，使语文教学变"胖"。正如墨子所说：多余的话就像池塘里的青蛙，树上的蝉鸣一样，人们或者不理会它或者讨厌它；而雄鸡的啼晓，寥寥几声，却能引人注意。我们的课堂总给人感觉水波不兴，一潭死水，即使是形式上的热热闹闹，也难掩盖骨子里的昏昏沉沉。有经验的老师非常重视提炼自己的教学语言，力求做到规范精练，从而取得良好的教学效果。要让课堂焕发生命活力，就是要"培植语言的活性、血气和趣味"。

2. 要讲得生动

讲授不是一讲到底，这样容易引起学生心理疲劳、听觉疲劳。讲授不是教师的个人行为，而是要学生的主动参与。讲授虽然是由教师把学习内容呈现给学生，但并不意味着学生就是被动、消极地接受，而是应该激发学生的积极性，调动学生已有的知识和行为，在师生互动的过程中学习新知。因此，在讲授时要注意时机，要配上肢体动作，要生动有趣，要与多种教学行为结合，充分调动学生的兴趣，提高教学效率。

3. 要讲得深刻而富有启发

讲授不是照本宣科，而要进行选择、组织和排序。学生自己看懂的，不讲；学生自己能学会的，不讲；讲的要精，要切中要害。适应学生探究的不能包办代替。要指导得力，点拨到位。

（二）在"问"上下实功夫

有效的语文课堂，首先应该追寻的是本真的价值。教学问题的创设必须为学生的学服务，问题也应具有一定的广度和开放性，保持适当的难度和数量，具有挑战性和兴趣，注意发问的时机和问题的层次，杜绝伪问，真实面对学生的起点，自然展现学生的学习过程。留足学生的学习时空，让学生自问、自答，确保学生当堂学习的成功率，使学生体会到一种"心灵的自由和幸福"，激起学生"拥有或追寻展现自我"的积极情感，让学生获取学习方式，而不是为了追求课堂的热闹而铺陈出许多问题，一些似是而非的答问被一些热情的称赞搪塞过去，这无疑对学生的阅读、理解能力造成消极影响，还有对学生的一些错误答问，不少老师显得没有太多的办法，或者置之不理，或就事论事一番，不得实效，既浪费时间，又事倍功半。

二、强基固本，创设"实"课堂

有效的语文课堂追求语文教学的"宗"，即熟读、精思、博览、多作。语文本质的属性是工具性，它是实践性很强的课程，而语文实践就是听、说、读、写。就小学教学而言，最重要的就是奠基固本，要求切实，训练扎实，效果落实。

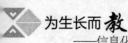
（一）语言学习要扎实

语文课应重视学生语文能力的提高，我们应该引导学生面对语言文字，聚精会神的加以推敲、揣摩、品味、咀嚼。"字字未宜忽，语语悟其神"，获得审美感、情味感、意蕴感等。例如，在教学《鲸》时，教师让学生闭上眼睛想象一下水从鲸须板中间滤过的情景后，再让学生想想课文为什么要用"滤"字，而不用其他字，能从"滤"字看出什么？通过对"滤"字的品析，从语言文字教学与阅读教学的有机结合，既能强化学生识字的心理过程，又提高了学生识字的效率，还能激活学生对语文敏锐的洞察力、联想力。

（二）教学方式要朴实

朴实，不是僵硬死板，而是实中求活，活中求变，变中求新，给予学生一个绿色宁静的课堂。当今时尚的课堂里，有的充斥着千姿百态的合作学习，特别是大型的辩论会，四人小组讨论更是其中常见的镜头，其实经过理性的审视，我们不难发现，绝大多数的合作只是一场场闹剧，并无合作的必要和实效。我们必须明晰，合作是为了更好进行自主学习、探索学习。有的课堂为了赶时髦而滥用课件，甚至一用到底，在课件中间穿插各种各类的音乐，说是创设优雅的气氛，让学生身心愉悦，殊不知这会让学生分心，使他们不能专心地思考和领悟课本。从有效教学的领域出发，应克服"作秀和浪费"，把节省下来的时间用于让学生美美地诵读，细细地品读，用心地感悟，那么学生的认识就会深刻得多，他们的体验也不会仅仅停留在书本上。

三、精益求精，创设"简"课堂

"删繁就简三秋树，标新立异二月花。"张庆先生说："语文教学要倡简，就是读读写写，写写读读。"崔峦先生也说："我们欣赏并提倡简简单单教语文，本本分分求发展，扎扎实实求发展，回归常态的语文教学。"我们提倡的这种"简单"不是简单无物，教学手段方法单一，而是力求"简而精，单而丰"，并以简单的方式呈现给学生，简化教学过程。

（一）教学目标要简化

语文教学承载的是识、写、读、背、说、习。再简单一点，即培养学生的读写能力。在教学过程中，应该自始至终贯穿一个"读"字，特别是朗读。朗读要严格，训练要到位，一个人能把课文读正确、流利、有感情，字词句的训练有了，语感训练也有了，遣词造句、谋篇布局的能力有了，人文性也在其中了。

（二）教学内容要简约

教师要认真研读教材，善于使用教材中最有价值的地方，变"教教材为用教材"，合理剪裁，大胆取舍，而不是面面俱到。例如，在《一夜的工作》的教学中，抓住"陈设极其简单"中的"极其"一词，"牵一发而动全身"，先让学生想象宫殿式的房子应该有什么陈设，再想想一个国家总理的房子应该有什么陈设，学生在对比中可以深切感受周总理"极其简单"的办公条件中"极其不简单"的精神。

（三）教学过程要简单

语文课不能脱离学生实际，求全、求多，不能把教学环节设计得过于复杂，也不能使教学方法花样翻新，更不能让课件充斥课堂，喧宾夺主。教学环节应简化一些，去掉那些不必要的环节，突出重点。比如，有位教师在《赤壁之战》的教学中，整节课仅有三个问题：

1. 孙权在赤壁之战的庆功宴会上会给谁记一等功？

2. 他的功劳簿里应该写下哪些内容？

3. 战争结束后，周瑜和曹操会对战争做出怎样的总结？

这三个问题辐射到了整篇文章，有效地统领起对整篇课文的感悟，充分消减了许多琐碎的提问，扩大了学生领悟、交流的空间。

"清水出芙蓉，天然去雕饰。""真实有效"使语文真正做到"随风潜入夜，润物细无声"。要上好语文课，语文教师必须在方方面面提高自己，必须不断充实自己身上的"语文味"，做一个热爱语文，懂得语文，并擅长语文的执教者，才有可能感染学生，让他们爱上自己的母语。

参考文献

［1］周庆元.语文教学设计论［M］.南宁：广西教育出版社，1996.

［2］周庆元.语文教育研究概论［M］.长沙：湖南人民出版社，2005.

［3］黄全明，陈树宝.小学语文教育科研［M］.杭州：浙江教育出版社，2001.

在教学中反思　在反思中前进

实施新课改，"风乍起，吹皱一池春水"，到如今，尘埃落定，人们已进入了深刻反思、返璞归真的第三境界，呼唤课堂效益成为广大教师和学生的共同呼声。"语文教学'误尽苍生'"的批评鞭策着每一位语文教师致力于课堂有效性的探究，从教二十八年，我一直在教改这条路上孜孜不倦地摸索，努力地让语文阅读教学呈现出新的活力。

一、钻研与突破——引领我在教学中成长

沿着成长的轨迹，回首刚参加工作的那段日子，我朴素地执着于我的三尺讲台，认为只有努力了才能无愧于心，才能给自己一个存在的理由。

1991年7月，我被分配到海丰县海城镇中心小学工作，担任小学语文的教学兼班主任工作。在课余时间，我认真及时地请教有经验的教师，力求扎扎实实上好每一节课。此外，除了做好自己教学工作和班主任工作，我还喜欢参加课题研究。1998年，我主持承担了广东省教育科研"九五"规划课题"教学方法与技巧的研究与实践"的子课题"小学语文'三点'阅读方法与技巧的研究与实验"的课题研究，我深深地感到"不读书，无以知，不读书，无以教"的真正内涵。为了提高自己，除了请教有经验的教师之外，无数个深夜和周末，我把买来的一大堆教学参考资料一遍又一遍、津津有味地翻阅、记录着。每准备一节课总是先通读教材，再认真翻阅参考资料，试图从中能够抓住课文的特点，突出课文的重点，突破课文的难点，寻找到能快速帮助学生理解文本的"三点阅读法"，再通过比较分析权衡出学生易于理解、易于消化、易于接受的教学设计。功夫不负有心人，由我主持承担的广东省教育科研"九五"规划课题"教学方法与技巧的研究与实践"的子课题"小学语文'三点'阅读方法

与技巧的研究与实验"荣获汕尾市课题科研成果"一等奖"。参加课题实验积累的经验已经慢慢融入我生命的每一个细胞。磨砺使我的视野开阔、思路清晰、教学从容、能力提升，使我在教学改革中逐渐成熟起来。2000—2001年，应海丰县陆安师范的邀请，我连续两年为全县的新教师就有关"小学语文教学方法"做了讲座，还多次上示范课，为全县各乡镇培养了一批年轻有为的教师。

2000年，承担由海丰县教育局组织的全县课题经验推广任务，我曾经到莲花、陶河、小漠、鹅埠、赤石、黄羌等农村薄弱学校就广东省教育科研"九五"规划课题"教学方法与技巧的研究与实践"的子课题"小学语文'三点'阅读方法与技巧的研究与实验"进行了教学经验推广，送教下乡。

我总是用心去做好每一件事，就像一块厚厚的海绵一样，欢畅地吮吸着一切我想学会、想做好和热爱的东西……

二、尝试与求新——促我在教研中成长

我很珍惜每一次学习培训的机会。如果说学习是汲取营养，那么教研更为我的成长铺设了阶梯，使我能够一步一个脚印向更高的水平迈进。在翻阅教育理论书籍时看到一句话：教学的最高境界在于反思。于是我开始留心自己的教学言行，开始把学习的心得和教学实践中的成功做法总结出来，再联系理论加以扩展和补充，撰写教学反思、论文、案例。我先后撰写了多篇论文和案例，在汕尾市或县教研论文评选中获奖，并在汕尾教育期刊上发表。我还积极带领级组教师申请县级微型课题，申请省级课题研究。2014年12月，经广东省教育科学规划领导小组批准，我申报的课题"信息化环境下小学语文高年级教与学的有效性研究"被批准为广东省教育科研"十二五"规划2013年度研究一般项目，而课题实验从2013年已经开始进行。

2014年10月，我到华南师范附属小学参加跟岗学习，课例《七律·长征》大胆借助可视化思维工具"蛛网图""桥型图"，采用"先学后教，当堂训练"的导学方法，被华南师范附属小学特级教师江伟英定为跟岗展示课例，在韶关市武江区开展的"聚焦课堂，共享精彩"华南师范附属小学——金福园小学教学研讨同课异构活动中教学效果好，受到韶关市武江区小学全体语文教师的一致好评。

2014年11月，我为学校行政及全校语文教师做了《先学后教，当堂训

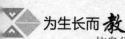

练》——"信息化环境下小学语文高年级教与学的有效性研究"的课题讲座，受到全体语文教师的一致好评。

2014年12月，我为全镇业务校长、教导主任及全镇微型课题承担者做了《小就是美》——语文小课题讲座，为他们即将进行的课题实验进行辅导讲座，受到与会者的一致好评，会后还辅导青年教师陈秋娜、马丽红、蔡柏华完成课题申报工作和课题开题报告、实施方案。

2015年3月，我为全镇语文教师展示了广东省教育科研"十二五"规划2013年度研究一般项目"信息化环境下小学语文高年级教与学的有效性研究"课题的实验课例，把"先学后教"融于"三段式"（即预习质疑—展示探究—检测反馈）教学，我大胆创新的教学风格为全镇的诗歌教学提供了范例。

行走在教学科研的路上，我总是以一种向上向前的姿态，用开放的怀抱、谦虚的态度，去接纳，去完善，去提高。经风雨，受磨炼，一步步走来，一天天褪去青涩，一点点成熟起来，我收获了自身素质的提升和教研能力的全面提高，也真实地体会到了"痛并快乐着"。

三、感悟与感恩——伴我在工作中成长

从教二十八年来，我的教育历程中有过许许多多的第一次。第一次参加课题研究；第一次在教师节手捧鲜花，感受"园丁"的幸福；第一次到广东省参加赛课收获满满；第一次参加广东省工作室主持人的答辩；第一次与美国的教育专家同课异构……这无数的第一次都让我记忆犹新，盛满感激与感动。每一次经历都是一种财富和动力，我遨游其中，获取知识的增补、人情的感悟、技能的提高、心理素质的锤炼……也逐渐懂得除了自己的努力之外，最难能可贵的是，在我的身后，一直有那么多的人在关心着我、托举着我，是他们让我慢慢地成为一名优秀的人民教师。感谢老校长马小红、施志坚……是他们将我从青涩带向成熟；感谢一起共事的同事们，给了我初上讲台的帮扶，成长路上的支持；感谢曾一起携手走过的课题组成员们，课题能够顺利结题，有你们的付出与努力；感谢江伟英导师、吕小绒主任、许家塔教研员的指导；感谢徐秋群、林振华、陈子迎、罗悦、郑燕山、刘小波、刘紫微、马秋华、钟木清、马丽红、颜昭群、彭春松、邱丽娜等同仁诸多的帮助和热心的指导；感恩现任校长黄小健，如果没有您这个"伯乐"的细心指导和精心栽培，我将会在职业倦

怠中丧失自我，是您使我的教学思路更加清晰，让我在豁然开朗中更加找到了自信。我深深感谢所有帮助过我的良师益友，感谢你们!

四、梦想与挑战——携我在跋涉中继续成长

如果教师是一棵大树，那么专业知识就是这棵大树的根系，教学实践就是这棵大树的枝干，科研活动就是这棵大树的花朵，教学成果就是这棵大树的果实。我要行走在读书、教学、研究和写作中，成长为一棵枝繁叶茂的大树。

我要做"有思想的行动者"，成为科研型教师，写自己的教育故事、教学日记、教育随笔、教学案例、教学论文，挖掘平凡教育生活中的那一份真、那一份情、那一份智。在未来的路上，我还是会这样要求自己：在教学中反思，在反思中前进，把每一件简单的事做好，把每一件平凡的事做好。我不能说自己会一步登天，但我想说我会脚踏实地地走;我不敢说自己发展迅速，但我想说我天天都在进步;我不敢说自己有多超前，但我想说我在不断学习。既然选择了远方，就只能风雨兼程。路在脚下，我已起步;路在延伸，我将继续跋涉在这条路上……

屈小玲
广东省汕尾市海丰县海城镇中心小学